あした死んでもいい暮らしかた

お片づけ大人気ブログ
『ごんおばちゃまの
暮らし方』主宰

ごんおばちゃま

興陽館

あした なにがあるかなんて 誰にもわかりません。

もしかしたら

病気

たおれる

まさかが　あるかも

地震

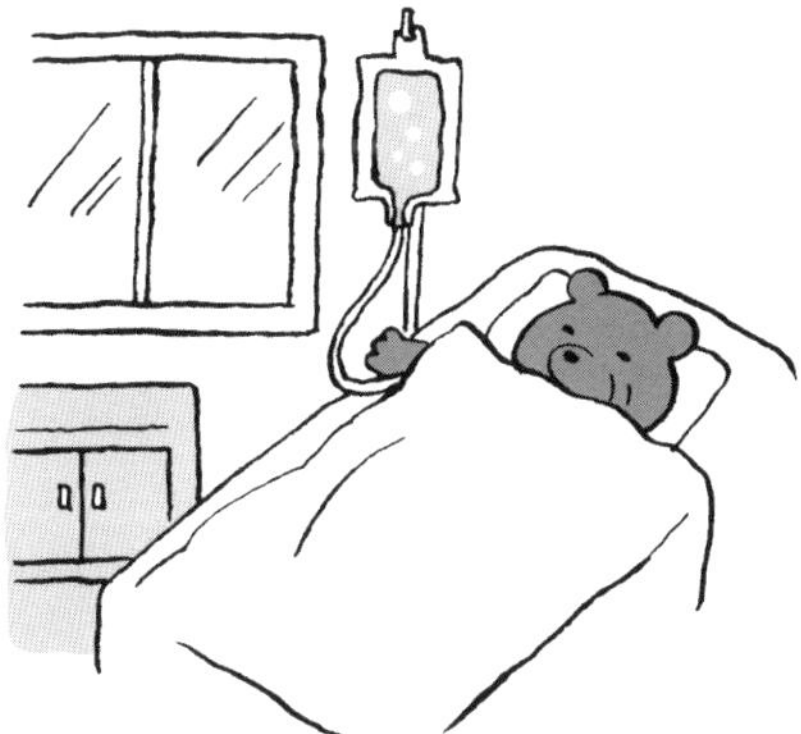

入院

どうしよう...

そんな
「もしも」「まさか」
があってもいいように
いまから
暮らしてみませんか？

毎日をシンプルに！

掃除
お金
料理

いらないモノに
さよなら

モノは少なく
身軽に…

ごんおばちゃま

私、ごんおばちゃまが たどりついた
「あした死んでもいい暮らし方」を
この本に 書きました。

1章　身辺整理
2章　片づけ
3章　暮らしの整え方
4章　食べ物について
5章　お金の使い方
6章　時間の使い方

開いたページから　はじめてみてください。

はじめに

この本を手にとってくださって、ありがとうございます。

どうぞよろしくお願いいたします。


はじめまして（ブログのみなさまこんにちは）。

私は大阪に住んでいるごんおばちゃまと申します。

「ごんおばちゃまの暮らし方」というブログで、これまで片づけ・掃除・暮らし方について書いてきました。


人の暮らし方は生き方そのものです。

『あした死んでもいい暮らしかた』というこの本からのメッセージはあした死んでもいい、納得のいく暮らし方をしましょう！ということです。

つまり死ぬことではなく、生き方論だと私は考えます。

死はずーっと先にあると考え、「まだ大丈夫」「まだ若いから先は長い」と思いながらも、そうではないことも私たちは知っています。

誰でも「あしたなんて死ぬわけないじゃないの! いやだわ!!」と、否定したいものです。

私もそうです。

でもね、人生、いつ何があるかわかりません。

あしたじゃないにしても、思ってもみなかった「もしも」や「まさか」があったら…。

散らかった部屋、人に見られたくないモノ、整理してないモノ、大事な書類の保管場所。

できれば最後は、これらをきちっと身辺整理してから、有終の美でもって人生の幕を閉じたいものです。

そういう私の片づけ方も掃除の仕方も、今のこのスタイルになったのは、もうずいぶん前のことです。
一つ一つ確認しながら、検証しながら、遠い道のりをただひたすら寄り道もせず、わき目もふらず、
思いは真剣で、ゆっくりではありましたが、
まっすぐ一生懸命にやってきました（笑）。
私は一生懸命ってすごく大事なことだと思うのです。
静かな覚悟で、今日に至りました。
そして心穏やかなこの暮らしにたどり着きました。

家の中を整える…。
暮らしを整える…。
その間に大事なことを学びました。

シンプルな暮らしこそが自分を自由にしてくれるということ。

まさにこれまで「あした死んでもいい暮らしかた」を実践してきました。

このたび、今まで自分が考えてきたこと、行ってきたことの中から将来に不安を持たなくていいお金の話や片づけの話、家の整え方を、そして、今すべき大事なことや、将来のための暮らし方全般について、

「こんな考え方だと楽よね」「こんなふうに暮らすと幸せだよね」と、私の暮らしの肝となる事柄を書かせていただきました。

気がむいたページから読んでみてください。

一つ一つは簡単なことばかりですが、実践していけばきっとあなたの暮らしは変わると思います。どう暮らしていけばいいのか、あなたが迷ったときの参考に、この本を活用していただけたら幸いです。

あなたの毎日が穏やかで心地よくなってくださることを願っております。

願わくば、日々楽しく、この世に未練のない生き方をしたいものです。

目次

目次

第2章

片づけは頑張らない、ほどほどに。

目次

30分
えらいぞ！チュン

第3章

暮らしをゆっくり整えると、楽になる。

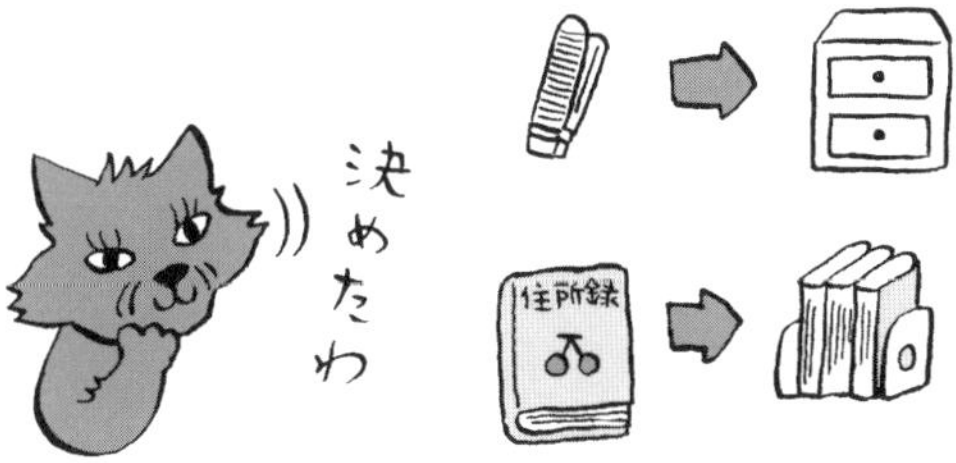
決めたわ
住所録

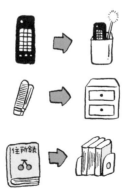

第4章
食べ物は小さく、食べ切れるサイズで。

第5章
お金はなるべく、使わない。

目次

第6章

自分の時間を、大切にする。

目次

第1章

身辺整理をして、小さく暮らす。

これからの人生、どう生きればいい？

もしあした震災にあったら…。
もしあした交通事故にあったら…。
もしあした目が見えなくなったら…。
もしあした病気で体が自由に動けなくなったら…。

いろんな「もし」を考えると、それならそうなる前に今なんとかしなくっちゃ！と誰しも思うものです。しかし、何をどのようにしたらいいのか…。あなたはただただ漠然と焦るだけかもしれません。

今、こうして今をこの状態で暮らせている。この先は、もっと今以上に充実した人生をおくりたいと思うでしょう。

しかし、今こうしていることが当たり前すぎて…。

もし何かあったら「どうしよう、どうしよう」と慌ててしまう。

大丈夫です。

何ひとつ焦ることも慌てることもありませんよ。

どんな風に生きようか、どんな風に暮らそうかと考えればいいんですよ、そうすれば、あなたの毎日はより充実するはずです。あるかどうかもわからない「もし」に振り回されず、今、何をすべきか、どう暮らしていくかを考えるほうがより現実的です。

もし、あした「まさか」があっても…

ある日のことです。

先日、娘の旦那さんのお義父様が脳梗塞で倒れてしまわれました。

それはあまりにも突然のことでした。

それはそれはお元気な方でした。

その方が突然、倒れて病院で脳梗塞と告げられ、体半分がマヒしてしまいました。

昨日まであんなにお元気だったのに、今日はもう自由に体が動かない。こんなことが起きるなんて、まさに青天《せいてん》の霹靂《へきれき》です。

まわりの人たちは、その日からパニックです。

娘はお義母様のところにつきっきりです。娘婿は、実の父がそのようになるとは思ってもいなかったと言います。それはそうですね。でも現実はそうなっているのです。ことはもう起こっているのです。

あしたのことは誰にも予測がつきません。

あした、どうなっているのか、あなたがいくら予想をしてもその通りにはなりません。

私の夫の「おいちゃん」も六〇歳になりました。少し早めに会社を退職して「毎日が日曜」の日々を過ごしているのですが、おいちゃんの会社の同期はまだ多くの方が勤めていらっしゃいます。

定年までしっかり働かないと、子供の学費や家のローンがあるので、会社をやめられないそうです。

みなさん諸事情があって、あるいは定年までは働くという思いが強くて働いておられるのですが、ちょうどおいちゃんがやめたころから、ちらほら「あの人が癌になった」とか「あの人が心筋梗塞になった」といった話を聞くようになりました。

年を取ると病気になるリスクが大きくなります。体の機能が低下し病気になるようです。病気になったみなさん、口をそろえて「ぼくはずっと働きずくめで、まだ人生を楽しんでいない」とおっしゃっています。さあ、これから人生を楽しもうというときに病気になってしまって本当に気の毒でなりません。

病気はいつなるのか、これればかりは誰にもわかりません。だからこそもし病気になったら「こんなときはどうするか」という話し合いを家族でもつことはとても大事だと思います。

いつか必ず死は誰の上にも訪れます。

若い人はそのようなことは考えにくいですが、それでも「まさか」はありえます。とくに六〇を過ぎると「まさかのときにどうするのか」をしっかり家族と話し合っておくことが必要ではないかと思います。

転ばぬ先の杖を持つ

できるだけまわりの人に迷惑をかけないようにという気持ちは、早くから持ったほうがいいと思います。

その気持ちを持てば、普段の生活でも注意すべきことは注意するようになります。自由奔放に生きて大きな迷惑をかけてしまったら、ブーイングの嵐でしょう。

息子や娘たちもみんなそれぞれに家庭があって、社会に出ています。自分たちの子供も抱えていたりします。

それなのに、ちょっとした不注意で親の私たちが骨折したりすると、途端に迷惑をかけることになります。

見た目は若くても体はやっぱり六〇歳は六〇歳で、七〇歳は七〇歳なのです。昔、近所のおばちゃんが五〇歳六〇歳だったころに比べて、最近のお年頃の皆さまは、見た目若い人が多いですね。身ぎれいになさっているからでしょうか？お年をうかがってびっくりすることがあります。


しかし注意も必要です。自分を若いと思うことは大いにいいことなのですが、過信しないことです。高いところに登るとか、かがんでモノを取るとか、そんなちょっとしたことにも注意を払うかどうかでずいぶん危険回避ができます。

私は六〇歳を過ぎてから体の動きが鈍くなっていると感じています。ですから作業する動きもじっくり構えてすることにしています。高いところに登らなければならないときは、おいちゃんの肩を持たせてもらって脚立に乗ります。脚立も足を置くところが幅広のモノに買い替えました。若いときに買った脚立は足を置く場所が細くて使うのが怖くなりました。

普段から危険回避ですよ。年を取ると骨が弱くなっていますので、慎重に慎重にです。

若いころは何でもなかったことが、年を取るとそうは行きません。歩くスピードも遅くなって、なかなか目的地にたどり着けません（笑）。

できるだけ自分のことは自分でできるように

高いところにはモノを置かない。

足元にはモノを置かない。

大丈夫?

夜は電気をつける（これぐらい大丈夫と、勘で動かない）。
手すりを握る。
出かけるときは早め早めの準備を心掛ける（すぐにはできなくなったので）。

今までに考えられないぐらい、いろいろと転ばぬ先の用心をしています。
できるだけ自力で家で暮らすことが私の「あした死んでもいい暮らし方」の目標です。病院で暮らしたくない。体を動かせるうちは喜んで動かす。

掃除も洗濯も後片づけもいつまでも「喜んで!!」と言いたい。

手ぶら生活がいい

私は普段から手ぶら生活をしています。なるべく「持ちモノは少なく」を実践しています。

モノは持たないほうが楽です。バッグもなるべく小さいモノを使っています。携帯電話を持つようになったので、これは邪魔だわ〜と思うようになりました。財布とハンカチとティッシュ、これだけならポケットに入るのに…。これに携帯を持って、ちょっとお出かけの場合はデジカメを持って…。なんだかな〜面倒だなと思うのです。

昔は携帯なんかなかったわよね。待ち合わせ場所でいつまでもずっと立っていたり、そわそわして待っていたことが今ではうそのよう。

今なら「あれ?まだかな?」と携帯でメールすれば「あと五分で着くよ」と返事がすぐに返ってくる。たしかに便利だけど情緒もへったくれもない。

携帯のなかったころ、デートなどで相手に会えないときは「待ち合わせ場所を間違えたかしら?」「え?今日じゃなかったのかしら?」と、自分の想像力と記憶の糸を手繰り寄せ、必死で考えたものです。

携帯電話が奪ったものは、そのハラハラドキドキの気持ちですね。たしかにいつでも相手と連絡がとれるという安心感は素晴らしいものがありますが、そういった情緒がなくなったことは大きな損失かもしれません。

話は横道にそれましたが、携帯電話でもスマホ（スマートホン）が出て来てからは、デジカメも必要ないぐらい高画質なカメラが内蔵。でも私はガラケーですので、まだデジカメを持って歩いています。

それもだんだん面倒になって、旅行にしか持って出なくなりました。

できるだけ手ぶらがいい。

できるだけ身軽がいい。

なんならバッグ一つも持ちたくなくて、洋服に財布とハンカチが入るだけのポケットがついていればそれでいい。

ちょっと血が出ればカットバン、小腹が空けばお菓子や飴のおやつ、のどが渇けばペットボトルまで出てくる。そんな魔法の大きなカバンを持ち歩いている人と私は雲泥の差。

何も持っていなくても（人は不便というけれど）、なんとかなる。

いたるところにコンビニはあるし、なくたってなんとかなると考えることは、なかなか面白いです。

荷物は少なく生きる

今の日本ではみなさん、モノを持ちすぎているとは思いませんか？　統計的に見ても昔より多いそうですが、あなたはいかがですか。

私もご他聞に漏れず、若いころはモノを持ちすぎていました。いつのまにか片づかなくなってきて、気がつけば押入れも収納棚もモノでいっぱいになっていました。よく見れば押入れは使わないモノだらけで占領されていました。押入れのモノの出し入れもほとんどありません。たまにモノを出そうとすると、どこにしまったかもわからずもう探すのにてんやわんや。

モノを出したら出したで、あらまあ大変！これをきれいに元に戻すのもこれまた至難の業。押入れがそんな状態ですから、普段よく使うモノは部屋に家具を置き、その中にしまうようになります。そうすると家具が増えてしまい、気がつけば部屋が狭くなっている。

これがモノによっていつの間にか浸食されていく様《さま》です。

ただ、押入れの奥行きが大きすぎて使いにくいので、ついつい使っていないモノ入れになってしまっている…というのも原因になっているかもしれません。そこは改善すべき点ですね。これはDIYや収納方法で解決できます。

使っていないモノが押入れを占領し、本来使っているモノがしまえず放り出されているなんて、もったいない話ですし、残念なことです。

使わないモノは、美術品以外は不用品です。身軽に生きるにはいつでもひょいと引っ越しできるほどの少ない荷物でいいのです。荷物が多いから身動きできず、抜く※気持ちにもなれずモノを優先して家具を買い、そこにモノをしまう。そこがあふれたら、またなんとか隙間家具、あるいはPPボックス（ポリプロピレンボックス）などの収納入れを買い、モノをしまおうとする。

モノがどんどん増えていることに気づかずにいると、いつのまにか自由に使える空間がなくなってしまいます。

あなたがやるべきことはただただしまうことではありません。不要なモノを減らし、家具を減らすことです。そしてもっと身軽になることです。

そうすればあなたはモノから解き放たれて自由になれます。

※ごんおばちゃまの抜くとは一に譲る、二に売る、三に支援物資、四に捨てるのいずれかの方法で、不用品を家の中から外に出すことを言います。

モノは古くても大切にする

世の中にはいいものがいっぱいあります。昔にはなかった夢のようなお掃除ロボットや、乾燥までしてくれる洗濯機。

氷で冷やさなくていい冷蔵庫（えらい古い話です…笑）。湯沸かしポットでお湯を使っているかどうかで生きていることを知らせる見張り番まであるそうです。すごいです。そこまで来たかーと思います。

携帯電話で家の中の様子も見られるようになるそうで、どんどんモノが進歩しています。

しかし私などは、この文明の利器についていけないのが現状です。

文明の利器は素晴らしい。しかし、消費者の私たちがあまりにも便利さを追い求めすぎるのはどうなのだろうか？

ひと昔前の家電でも動けばまだまだ使えるのに、新しいモノが出たら欲しい！と言ってすぐに買い替える。

また、購買意欲をそるように企業も宣伝する。買い替えると電気代がエコですよ～とか、寒がりさんと暑がりさんがいても一台でそれぞれに合わせた温度調節をして風をおくりますよ、一台で二台分のお得ですよ、みたいな。

私たちが心躍りし、飛びつきたくなるように、企業は次々と新しい「欲しい」を作り出してくるのです。

少しぐらいは不便でも今あるモノを長く使いたい。古くても使えればいい。壊れるまではこれでいくという気持ちを大事にしたい。新しくて便利なモノも欲しいけれど、これがあるうちはこれを使う。そんな気持ちでモノを使い切りたいものです。

昔の家電は長持ちしましたよ。今と違ってコンピューターなんか内蔵されてなくて、作りはいたって単純なモノでしたが、だからこそ長持ちもしたのでしょう。文明の利器、時代に少々取り残され気味になっても、使えるうちは使い切りたいものです。

モノをもっともっと大事にしたい。そのほうがモノを大切にしていると思うのですが…。

探し物のない暮らしをする

毎日の暮らしでは、「いつもここにある」ということが大切です。ハサミ、爪切りを使うにも、その時々で、あっちに置いたり、こっちに置いたりでは、いつでもモノを探さなくてはなりません。

自分一人の生活だと、「大体この辺にある」と自分の記憶をたどればいいですが、家族がいると誰がどこに置いたか分からないので、探すことは大変になります。思いもよらないところに置いてあったり、目につかないようなかごの中にポンと入れてあったり…。あるいは自分の部屋へ持っていってそのまんまだったり…。

それでモノの行方不明探索が始まります。見つかるまでが大変です。

しかし「ここが定位置」と元に戻していれば、誰もが難なく使えます。

住所録
決めたわ

探し物のない暮らしをするためには、元の場所に戻すことが絶対条件です。このことを守れば探し物はなくなります。**すべてのモノ探しは元の場所に戻さないことが原因です。**

大事なのは、定位置を決めること。そして使ったモノは定位置に戻すこと。たったこれだけのことを改善すれば探し物はなくなります。

モノの絶対数を調べる

私は、必要なモノの絶対数を知ることが大事ではないかと思っています。

絶対数を知ることで「いる」「いらない」が判断できて、必要なモノ以外は抜くことができます。それがなければ不安というようなこともなくなります。

絶対数がわかってくると、後は抜くだけです。消耗品の中でもシーツのようなモノは、毎日使っていても使い切るまではかなりの年月がかかります。まだ使えるから、新品だからと言ってストックしていると片づきません。

押入れの中で、ごんおばちゃまが抜いたモノ。
○今使っている以外のシーツすべて。
○古くて重くて温かくない毛布。
○使っていない枕、枕カバー。

シーツも枕カバーも洗い替えは一枚もありません。それでは洗濯に困るのでは？と思いますよね。大丈夫です。よく晴れた日に朝から頑張ってお洗濯。そんな日ならすっきりと乾きます。

破れたり、そろそろ新しいものが必要になれば買い替えます。この方法で今までただの一度も困ったことはありません。

予備がないので「予備はどこにしまったかしら？」とか、「予備はあるけどちゃんと使えるかしら？」と心配することもありません。

安心の枚数を数える

私の洋服の持ち数は一年を通して三〇枚前後です。着る服はその日の天候が寒いか暑いかで決まります。

夏場はすぐに乾きますので、とくに持ち数は少ないです。

冬は年を取ると首のあたりがスースーするので、ハイネックが多くなりました。ハイネックを着てその上からスタンドカラーのシャツを着ると温かいし、ヒートテックなるものが出てきてからは下着かハイネックシャツかわからなくなってきまして、洋服の数に入れようか入れまいか悩ましいところであります（笑）。

それに、なりたい自分（洋服のスタイル）が一つですので品数もいりません。年を取って体形も少しずつ変わり、三〇代や四〇代のころのようなまだ若々しい！といった感じからどんどん縁遠くなってきていますす（四〇代のころから持

洋服ちっとも
へらなくてえ
私もお

ち数はそんなに変わっていません）。

円熟といえば円熟とでも言いましょうか…ちょっと違うと思いますが、まあそれは横においといて（笑）。

お葬式用の喪服は常に万全にしています。結婚式と違って想定外のことが起こるのがお葬式ですから。いつでもさっと取り出せるように、靴から洋服、バッグ、数珠、香典袋、筆ペンまでの一式を一か所に置いてあります（これでいざというときに抜かりなく揃います）。

ストールや持ち物、バッグ類もなんでこんなにいるの？というような数は持ちません。まずはこれだけは必要という数に減らしていきました。

「しまえる分だけ持つ」という方法は、減らせない人にとってはいい方法です。

一度決めたら何が何でもこれでいくなんて窮屈ですよね。どうしても欲しいモノが出てきた場合は、今あるモノを抜くことを条件に購入することも大事です。

自分に必要な絶対数を決めていくと、モノが片づいた後も増えません。使っていないことがわかれば、必要な数はもっと少なくていいと、むしろまだまだ減らせることも可能になってきます。

消耗品は使う分だけ買う

洗剤などの消耗品は一か月に使う分だけ購入。それには一か月どれぐらい使うかわかっていなければなりませんね。それを調べるのもとても面白いです。

漠然と買っていた洗濯用洗剤や台所用洗剤が、調べてみると「こんなにもある！」「金額にしたら一カ月これだけもかかっていたの」とはっきりわかります。

そして、一か月の間に使いもしない洗剤（いわゆるストック）代にこれだけお金を使っていたということが判明するかもしれません。

もう一つわかることは、使いもしない洗剤で収納場所を取っているということ。

これをなくせば場所も、そしてお金も助かります。お金はその分貯金できます。もっと言えば、なくなってから買いに行っても大丈夫ですよね。私はこんな風にして暮らしを見直してきました。見直すときはとことん見直しします。そうすることで自然にお金も貯まりました。また、モノを大事に使うことにもなります。「いるものだから…」と考えもなしに買っていると、使い方までざるになると思います。

私は洗剤はきっちり測り、洗濯機の水量もチェックします。自動の水量のままでは洗濯しません。自分の目で確かめて毎回洗濯水量も自分で決めます。「そこまでするの」と驚かれるかもしれません。でもね、これも私にしたら当たり前のことなのです。洗濯機が決める自動の水量はものすごくアバウトなのをご存知ですか？　洗濯物の量と水量を調査してみてください。よくわかりますから。余分なモノは使わない。洗濯機の掃除も毎月一回、洗濯槽を掃除すると衣類にもいいし、洗濯機も長持ちします。

洗濯機自身がカビだらけでは、洗濯することも気持ち悪いです。

なんでも自分で確かめる。

主婦道まっしぐらの生活をしている私は、「こんな風にしたらもっと楽になりはしまいか」といつもちょっと考えてみます。

「本当にこれでいいのか？」とずっと考えてきました。「自分ならどうする」「こうしたほうが楽だし、お金もかからない」と考えることが、自分らしく生きることにつながってきたのだと思うのです。

その一つ一つが今の私を作ってきましたが、それはまだ途中でして、この体が上手に動かせるうちは「今」にシフトさせてどんどんチャレンジしていきたいと思います。

もし体が上手く動かせなくなったときは、現実を受け入れるしかないですね。

そのときは「今まで頑張ってきたからまあいいや」と思えたらいいなと思いま

す。

モノは最後まで使い切る

モノを最後まで使い切りたい。きっと誰もがそう思っているから捨てることができないのだと思います。大事にしなくちゃいけないとみんな思っています。しかし、「大事にする」の意味がちょっと違うのではないかな。

最後まで使い切るには、使わないとダメなんですね。使っていないのに大事にしていると勘違いしてしまうと、モノをしまったままにしてしまいます。

モノは使ってこそ生きます。しっかり最後まで使い切って、さよならしたいものです。

使わないなら抜きます。しっかり抜かないと、今あるモノを全部使い切れません。

大切に使い切ることができる段階までモノを厳選し、そこから使い切り生活

に移行していくことです（ここ大事です!!）。

厳選しないままリメイクして使おうとしても、モノはちっともなくなっていません。これではあなたの思うモノを使い切る生活には到達しません。

大事なことは自分に必要なモノの絶対数を把握すること、そしてそこまで減らすことです。厳選したモノを大切に使い、使い切る生活ができてくると、モノによる悩みどころか自分の生き方まですっかり変わっていることに気づくことになるでしょう。そこまで覚悟を決めてやってみてください。

これは家電にも言えることです。新しい家電は宣伝効果もあって欲しくなります。でも、今ある家電をしっかりお手入れしていくと、買い替えようなんて気が起こらなくなってきますよ。

私は年に二回、必ず家電のメンテナンスをするようにしています。「小掃除」と称して炊飯器、オーブントースター、電子レンジ等、家にある家電を分解できるところまで分解し、お掃除していきます。

掃除していくと、一緒に暮らしているという愛情がわいてきます。きれいにしてあげると機器も喜んでいるような感じがするのですが、気のせいでしょうか？

こうして器具の掃除をしていくと、使い方も愛しくなってどんどん丁寧に扱うようになります。しっかり掃除し、丁寧に扱うと、やはり長持ちします。長持ちすると余分なお金を使わなくて済みますので、お金が自然に貯まります。昇給は今の時代あまり期待できませんが、モノの使い方ひとつで貯金額が変わるのですから、うれしいことですね。

こうしてモノも大事にし、お金も貯まれば、幸せになるのは当たり前ですよね。

だって努力していますものね。主婦道万歳です!!

モノを減らすといいことがある

モノを減らそうと思ってからでも、なかなか減りませんでした。モノは自分が思った以上にとてつもなくありました。ですから、ずいぶん減らすのに時間がかかりました。

それでも少しずつですが、無理をせずモノが家の中から外に出ていって、広々と暮らせるようになってきました。

モノが減って何が一番楽かというと、お掃除です。それまでは何も考えずモノをどけて掃除をしていました。モノをどかす…という動作が面倒だと思ったことがなかったのですが、モノがないと何の手間もいらずスムーズに掃除できるんだ、なんて楽なんだと気づいたときには感激しました。

今ではゴミ箱一つどかすのも嫌だな～と思うのですから、すごい変わりようです。

玄関のお掃除も、たたきに靴がなければ簡単に箒で掃けます。そして雑巾がけもできます。

あなたもかつての私のようにモノがなかなか減らないと思うことがあるかもしれません。でも大丈夫ですよ。私もこうしてできましたから。

それには「時間がかかっても絶対にやり切る！」という強い思いが必要です。その思いさえあれば必ずできます

家はコンパクトでいい

昔は、誰もが立派な家を建てたいと思い、大きな家を求めました。今でも大きな家は、その人の成功のあかしのように思われます。

私は個人的に、家は雨風から守ってもらえるところであればいい。家族のだんらんが営めればいいという考え方です。なので家はコンパクトでいいと思っています。

家が大きいと「お金があって幸せそう」かもしれませんが、見栄を張って大きな家を購入すると大変です。

賃貸	購入
引越料や敷金、礼金など数十万程度	頭金＋初期費用を含め数百万はかかる
住み替えのタイミングごとに引っ越し礼金や、仲介手数料がかかる。2年ごとの更新料もかかる。	マンションの場合は、毎月管理費がかかりメンテナンス代はそこから支払われる。戸建ての場合は管理費は必要ない。メンテナンスやリフォーム代は費用が必要。
都市計画税、固定資産税がいらない。	都市計画税。固定資産税がかかる。
家賃は一生払い続けなければならないため、老後の貯蓄が必要になる。	戸建ての場合は、ローンの返済が終われればお金はいらない。マンションの場合は毎月の管理費と諸費で済む。
気に入らなければ新しいところへ簡単に移り住みやすい。	一旦買ったモノを売るとなると、その資産価置は元のままというわけにはいかず、売ることも視野に入れるなら少々高くても駅近や、値断が下がらない物件を選ぶ方がいいでしょう。

50年ほどの総住居費は賃貸も購入もほとんど変わらないというデーターが出ています。

とにかく貯蓄は子供が小さい内に出来るだけする。

子供が大きくなると出ていくお金も同じように大きくなります。

購入の場合はできるだけ繰り上げ返済をしていくとそのあとが非常に楽になります。

一方賃貸の場合は、一生家賃として払い続けねばならないため老後のたくわえを抜かりなくいたしましょう。

教育費と老後の貯蓄、家のお金はかなりのウエートを占めます。よく考えて貯蓄しましょう。

年金をもらえる年齢がどんどん上がっていますので特に賃貸の方は早めにしっかりためて老後に備えます。

とくに家の値段は数千万、あるいは億単位ですから、相当なお金がかかります。現金で購入できればいいのですが、やっぱりローンで買う方がほとんどだと思います。三五年ローンで三〇歳で購入すると六五歳まで支払いが続く、そう思うと気が遠くなりそうですね。できるだけ早く完済したいですが、払いながら貯めるのはなかなかむずかしいです。日々の食費や生活費もありますし、養育費だってバカになりません。

家を購入するときには、しっかりしたビジョンを持たないといけません。モノが多いからといって大きな家を買うと、お金がかかります。モノを減らして必要なモノだけにすると、そんな大きな家は必要ありません。

必要なモノだけにあわせた家を買えば、大きな家を購入するよりもローンが小さくなって、支払いが楽になります。

また子供さんがいるお宅では、子供は将来家を出ていくというつもりで購入されるといいと思います。

家族はいつまでも一緒ではありません。今の状態が一生続くわけではないので、そのことも頭の中に入れておくべきでしょう。現に私の家でも二人の娘は家を出ていき子供たちの部屋は空き部屋になっています。

家を買わないと決めたのなら、またそれもよし。その時々にあった住まい見つけて暮らすのもいいと思います。買うのか借りるのかは自分の価値観です。どちらにもメリットデメリットがあります。

モノをたくさん持つと収納場所がたくさんいります、自ずと広い家を求めるようになります。賃貸ならモノに家賃を食われているようなものです。ローンで購入した場合モノが多いとモノを収納する分のローン代が大きくなります。

どちらにしてもモノが多いと損をします。

狭い家にあわせて暮らす

家が狭くてモノがあふれている。

いくらタンスや収納棚を増やしてもモノがあふれてくる。

だから引っ越しを考えている。

モノを預かってくれるレンタルスペースを考えている。

モノが多いという理由で暮らしに対して持つ不満は限りなくあります。

しかしよく考えてみましょう。「このアパートで暮らそう」と思ったとき、荷物は今ほどなかったのではありませんか？　最初からモノが多ければ、そんな住まいは選んでいないはずです。

不満の原因は、初めは「これでいい」と思っていたのに予想に反してモノが増え過ぎたことではないですか？

そしてモノが増え過ぎたせいなのに、家のせいにしてしまった（家が狭い）。

モノが増え過ぎたせいなのに、収納庫のせいにしてしまった（収納場所が少ない）。

でもね、今からその家に見合うようにモノを減らせばいいのではないですか。

そうすればわざわざ家が狭いという理由で引っ越さなくても済みますし、収納するための家具も買わなくて済みます。

今第一にやるべきことは、モノを減らしてすっきりさせることです。そうすれば引っ越さなくてもよくなります（現状のままの家で住むと、ずいぶんお金が浮くことになりますね）。

狭いながらも楽しい我が家と言いますから、家族が増えて少々狭くなっても、荷物を減らせば居心地がよくなるかもしれませんよ。

肩書きいらずの自信をもつ

世の中にはすごい人がたくさんいます。

家庭の主婦は日々、子供のため、夫のために働いています。

頑張っている主婦は自分のやっていることにもっともっと自信をもっていいと思います。

主婦力をきわめ、家をきれいに整え、家族のために精を出す。

すばらしいではありませんか。

私も、主婦歴四〇年。それが私の主婦道だと胸を張って言いたいわ（笑）。

肩書はないけれど自信はあります（笑）。

自分のやっていることに胸を張りましょう！

家庭の中でできることをしっかりやる道があってもいいと思います。

私は楽しんで主婦道を貫きたいと思います。

あえて主婦道と言わせてもらいます。

主婦が立派に主婦として貫く道です。

夫婦共働きをしていた奥さんが家に入ると社会から取り残されている気持ちになるのは、世間が主婦を下に見ているからかもしれません（自分自身も）。

主婦をしていてもお金が入ってきませんものね。

ほんまにそれは、ちょっとどうにかしたいところではあります。

主婦道

お金を増やすには、うまく家計のやりくりをしてへそくりを作る…そんな手もあります（笑）。

へそくりは主婦の裁量です。上手にやれば小金持ちになれるかもしれませんよ。

いいえ、やりくり次第では、大金持ちも夢ではないかもしれません（笑）。

どうであれ、主婦として、女性として、自信をもって自分らしく生きることです。

玄関に鍵を置かない

最近合鍵を使って知らない人が侵入してきたというニュースをたびたび耳にします。

なぜ合鍵？　身内でもない人が合鍵を持っていることに驚きます。

それはね、あらゆるところで鍵番号を盗めるからなのだそうです。ちょっと

した隙に鍵番号を写メで撮る。そして、ネットで「合鍵が注文できる」日本では法規制がないので誰でも「合鍵お願いします」と鍵のメーカーと鍵番号を言えば、すぐに作ってくれるのだそうです。

玄関に鍵を置いていると、その鍵番号を盗まれる可能性は大です。「どうぞ盗んでください」と、言ってるようなものです。玄関には決して鍵を置かないようにしましょう。

人を疑ってはいけないという教えを守っている人にとって「人を見たら泥棒と思え」的な発想はなかなか嫌かもしれませんが、勝手に合鍵を作って家に入って来られて、命まで取られることを思えば、そんなことは言っていられません。

もともと私は、玄関に鍵を置くのが嫌でした。誰かに持っていかれたらどうしよう?という不安があったからです。ですから鍵は絶対に玄関には置きません。

これを機会に、あなたも自分の身を守るために玄関ではなく別の場所に置くようにしましょう。

ちなみに私はキーケースに入れていますが、鍵番号が見えないように鍵にカバーを付けています。少し膨らんでしまいますが、これが入るケースも見つけて二重に安心しています。

自分の命を守るため、用心に用事を重ねてくださいね。

感謝の心でお金を払う

すべてのことが誰かに支えられて、世の中は成り立っています。例えば身近なところでは電車、バス、タクシー。電車もバスもタクシーもそれぞれ作った人がいます。それも一人で作っているわけではありません。大勢の人たちが知恵を出し、技術を磨き、製品として世の中に出てくる。それを運転してくれる運転手さん。それから常に安全かどうか点検してくれる技師さんたちもいます。

乗り物一つでもこんなにいろんな方々に助けていただいています。モノがあって当たり前ではないのです。

あって当たり前と思っている心の奥には「感謝の心」がありません。感謝の心が欠如すると「ふん！」という態度に出ます。それが「電車に乗ってやっている。バスに乗ってお金を払ってやっている。お金を払ってやっているんだからありがたく思え」という気持ちにつながります。

これではいい関係は作れません。

感謝の心があると「ありがとうございます。助かりました」と心から口に出ます。

これはすべてのことに言えます。こうして暮らせるのも支えてくれる誰かのおかげです。

世の中、当たり前のことは何一つないのです。

「ああ～おもしろかった」と言って死にたい

「一寸先は闇」という言葉があるように、今の世の中いつどこで何が起こるかわかりません。

毎日の暮らしが平穏だからといって、「あしたがある」と誰が断言できるでしょうか。

わかっているのは「今日、今生きている」ということだけです。あしたがどうなるかわからないけど、せめて今日一日は、精一杯生きたい。もし何事かあっても、日々精一杯暮らしていたことは必ず形となって残るはずです。

私は毎日朗らかに生き、楽しんでいます。私は「ああ～よかった。おもしろかった」と言って死にたいと思っています。たとえ、死が突然やってきたとしてもです。

『一日一生』『続・一日一生』（天台宗大阿闍梨・酒井雄哉氏著、朝日新書）の

中に、

「一日を一生と考えて生きなさい。今日を大事にしなかったら明日はないと思いなさい…」という手厳しい言葉があります。

また、

「一日が一生の気持ちで、一日一日、新しい人生を感じながら歩いていけばいい。ものごと始まったことはいつかは終わる。自分の命もいつかは死を迎える。そのときまで、生きられるだけ精一杯生きることでしょうな。」

と、大阿闍梨様はおっしゃっておられます。

この世から旅立つ日が来たとき、自分がどのように生きてきたか自分なりの答えが出るのではないでしょうか。できるだけ残された家族に後始末の負担がないように。これは若い人もお年頃の人も同じです。「いつ」は誰にもわからないことですから。

「いつ」がわからない「しまい支度」。「いつでも、さあ、どんとこい!」と言えるようにするには、それがいつ来てもいいように心がけて生きることです。これはモノだけではなく、人間関係もそうです。悔いのない生き方を一日一生のつもりで生きましょう。

頭の中が混乱し、行き当たりばったりの生活をしないように。目の前のことを一生懸命やっていくことです。

それにしても、死を考えて生きるなんて、人間にしかできない技ですよね。

順番に看取る、約束を果たす

母が亡くなって二年がたとうとしています。母は私に「私が死ぬまでは死なないで!」と懇願しておりました。自分の最期は、娘の私に見てもらいたかったのでしょう。

だから、なんとしても私は母より一日でも長く生きなければならない、という使命感を持って生きていました。そして実際、母が亡くなってもまだ、こうして今も私は生きていますが！（笑）。

親の死は後になって心にこたえるものですね。親子喧嘩したときは「もう！」と怒っていたことも、今ではそれも懐かしく、愛しくさえ思えます。自分の心の変化にとても不思議を感じます。

母が生きていたときは真剣に喧嘩したことも、亡くなってからはそれも幸せだったんだな〜と思い返すようになりました。私は母に甘えていたのだと思います。

昔から「夜に爪を切ると親の死に目に会えない」と言います。それを信じて、私は小さいときからただの一度も夜に爪を切ったことがありませんでした。両親が亡くなってやっと今、夜に爪を切っています（もう親のことを思っても、親はこの世にいないですものね…。お風呂上りに爪を切ると、爪が柔らかくなって切りやすいのです。笑）。

私は親の最期を看取る使命があったので、迷信だとわかっていてもちゃんと昔のことわざを守ってきました。

そしてその使命は約束通り果たせました。そして順番通りいけば、次は私の番です。

私は、自分の番が来るまで毎日を一生懸命生きようと思います。また、生きているということをかみしめながら、毎日を精一杯楽しむつもりです。二人の娘には「ありがとう」と感謝してお別れしたいと思います。

笑って「さよなら」できるよう、悔いのない人生をおくりたいと思います。

使わないものは家に入れない

私はホテルに泊まっても水の出しっぱなしはしません。「ホテルだからいいやん」とは思いません。そんなことをして大好きなホテルがつぶれては困るし、そのせいで値段が上がったり、サービスが悪くなるのも嫌ですものね。大事なことは家でもどこでも一緒であるべきです。

私はホテルに用意してあるモノも持ち帰りません。家にはちゃんと自分が好きな石鹸や、歯ブラシがスタンバイしています。お気に入りを使いたいので持って帰ってもきっと使いません。

得とか、損とかではなく「使うか使わないか」でそうしています。

お持ち帰りOKでも使わないものは家の中に入れない！　せっかくモノを減らしたのに、持って帰ればモノは増えます。いただいて帰って「何に使おうか」と悩むのも面倒です。

すっきりした暮らしをしようと思ったらそういった決断は大事になってきます。

無料でも使わないものはもらわない！　これぐらいはまあいいか…は、ないです。

大きな家具は悲劇を生む

私にとって二十二年前の阪神淡路大震災は、あまりにも衝撃的で悲惨な出来事でした。

TVから流れてきた映像は、今でも脳裏にしっかり刻まれています。家はつぶれてしまい、家具の下敷きになった人々。食器棚から食器が飛び出し粉々に割れて散乱。たんすやTVも倒れて足の踏み場もない状態。

そんな悲惨な被災現場からはい出して助かった人々の話を、新聞やTVで知ることになりました。

ただ小さな子供やお年寄りには倒れた家具をはねのける力がありません。体力のない多くの子供やお年寄りは犠牲となりました。悲しいことです。

震災はいつどこで起きるかわかりません。六年前も東日本大震災が起こりました。また二〇一六年四月には熊本地震。一〇月には鳥取地震と続いています。

誰もが「うちの県では地震はないだろう」と思っていた…、まさか自分の住んでいる町がこんな風になるとは…と、地震に遭ったみなさんはおっしゃいます。

それでも地震は起こるのです。

そうです、地震は起きてみないことにはわかりません。日本は火山大国です。長い長い日本列島、どこで地震が起きても不思議ではありません。そのことをしっかり覚えておきましょう。

家を整えると生きやすくなる

未来でもなく過去でもなく今、
今が大事です。
過去に心を残さず、
未来にばかり目を向けず、
今を生きる。

ヒイイイイイイ

そんな気持ちでいいんじゃないかな。

過去の出来事を後悔してもなにも始まりません。

過去のことばかり振り返って自分を自虐していては今を楽しめません。

今をないがしろにしていては未来が明るいはずがありません。

一日一日を大切に生きる、そうすることで未来は開けてきます。

私が家の中を整えているのはシンプルで身軽な暮らしがしたいから。

家を整えることで生きやすくなります。

もし、将来私が死ぬことになっても抱えきれない荷物がここに無い。

子供たちの負担にならないようにモノを少なくして暮らしたい。

若いうちからそのように暮らし方を考えてきて六〇歳を超えたいま、今までの考え方で生きてきてよかったと心からそう思っています。

もちろん趣味もたくさん持ちました。自分の人生も十分に謳歌してきました。

私はいつも楽しんでまいりました。

その時そのときモノとの出会いもあれば別れもしてきました。

そしてあの阪神淡路大震災以来、人生観が変わり、特に「今を大切に」と思うようになりました。今が大事と強く考えるようになったのは震災があったからです。

その後、二〇一一・三・一一の東日本大震災
二〇一六・四・一四の熊本地震
きっとそのときに私のように人生観が変わられた方も多くいらっしゃったのではないかと思います。何が大事か…。

それは命です。

命にまさるものはありません。

モノは凶器にもなります。極力余分なモノは持たないことです。

阪神淡路大震災で、そのことを私は深く深く肝に銘じたのでありました。

第2章

片づけは頑張らない、ほどほどに。

片づけは頑張りすぎない

私の片づけは毎日三〇分だけです。しかも不要なモノを抜くだけです。三〇分のタイマーが鳴ったらやめます。整理整頓はしません。モノが減って大事なモノだけになった時初めて取りかかります。整理整頓や後片付けをしないので毎回楽しく楽にできます。

整理整頓をすれば同じようなモノが出てきたときまたやり直ししなければなりません。

でも、そんな面倒なことを昔、私はやっていたのです（笑）。

きれいにしたいから…整理整頓して気持ちをすっきりしたいから…というのは誰でもそうですよね。

でもね、モノが多いとそんなことは無駄なことなの。いちいち整理整頓するとあっちこっちから同じようなモノが出てきて、折角きれいにきっちり整理整頓した箱や引き出しをまた一からし直さなければならなくなります。これが片づけを嫌にさせる原因になります。

押入れ全部を一気にしようとして、何度挫折したかしれません。途中で夕食の支度でタイムアウトになって出したモノをまたもとに押し込む…。そのたびに「片づけ下手」と嘆きました。しかし、三〇分の抜き作業をやってきたお陰で（抜くだけです。片づけなくていいからできたのです）汚名返上です（笑）。

一旦、家に入ってきたものをどうにかするのって本当に大変です。少しずつ、少しずつ着実にやっていくほうが楽です。頑張りすぎず着実に！

やらないということを決める

何でもしなければだめだ！と決めつけなくてもいいと思うの。

「やらない」と決めることも大事。

きっと一人になったら今よりもっとやらないことが多くなると思う。旅行も一人ではいかないようになると思うし、携帯電話もいらなくなるだろうし、ひょっとして今はまだ書いているけど年賀状だってもうすぐ書かなくなるかもしれない。車だって運転しなくなるだろうしね。

しんどいと思うことを少しずつ手放そうと思っています。子供を育てていたときは子供のことを自分なりに精いっぱい育ててきました。当時は若かったしね。元気いっぱいだったわね。

今まで精いっぱい頑張ってきたから、いろんなことをそろそろ無理してまで、やるのはやめます。もう若くないしね。

しかし、逆にやることで気分がよかったりなぐさめになることは、やり続けてもいいかなと思います。

自分の人生ですから自分で決めようと思います。

片づけには三大疾病がある

片づけようと頑張り始めると、必ずと言っていいほど誰もがぶつかる壁があります。

それは

○まだ使えるからもったいない。

○思い出があるから捨てられない。

○高かったからもったいなくて捨てることも売ることもできない。

この三つは大きな壁となって「抜けない理由」になってしまう。あなたも実際、そう思って今まで片づけられず取って置いたものがありませんか？

「いる」「いらない」の基準は人によって様々です。どのように考えても答えは永遠に見つからない…。みんなが一致する正解はないのです。

それではこの基準を「いるか、いらないか」ではなく「使うか、使わないか」

で考えていくと、もっと物事ははっきりしてくるはずです。

「なんとなくいるかも…」ではなく「こんなとき使いたい」とか「こんなとき使うと思う」と判断できたものは、抜かずに残しておいていいのです。そのうえで、使いたいときが来たとき使えばいいし、もしそのときが来たのに使う気にならなかったら、そのときには抜くという決定的な判断ができます。このようにして、モノを抜くかどうかの判断に時間をかけていいと思います。時間をかけた分、心が決まれば抵抗なくあっさり抜けます。

結局、なかなかモノが抜けないのは、漠然ともったいないからとか、高かったからとか、思い出の品だから…という気持ちが強いのです。

これを手放せられない三大疾病とでも言いましょうか（笑）。

そんなときはなぜ片づけようと思ったのかを思い出してみてください。紙に書いて目につきやすいところに貼って置くのも妙案です。

常に頭に置いておくと三大疾病もなくなります（笑）。

あなたは何のために片づけようと思ったのですか？

暮らしを自由に楽しむ

暮らしを楽しむ人は、「暮らしを自由にできる人」なんじゃないかしら。そんな風に私は思っています。日々の家事が思いのままにならないうちは、暮らしを楽しむことなんてできやしないと…。毎日探し物が多いとしたら、気持ちがイライラして暮らしを楽しむことはできません。

家の中がすっきりして、やっと暮らしを楽しむゆとりが生まれてくるのではないかしら？

暮らしを楽しむゆとり…っていい言葉ですね。

いい響きです。

ゆとりを持ち、家はきれい、気持ちはすっきり！　いつでも何でもどんとこい!!

そんなふうに暮らしを楽しみたいですよね。

それでも片づかない毎日、暮らしを楽しむのはいったいいつのことやら？

「今でしょ」(笑)。

いつかは暮らしを楽しむゆとりを持とう、と夢を見ることはいいことです。

しかし「夢は見るものじゃなく、かなえるもの」です。

どんなに小さくても夢は夢。小さな夢からかなえていき、夢を一つかなえるたびに、ドリフターズの「さ〜次、行ってみよう！」です。どんどん前に向かって行きましょう。

疲れたらゆっくり休めばいい。休んだ後はまた、次の夢に向かって一歩一歩進めばいい。

今日一日を十分使い切る気持ちで、毎日を楽しめたらと思います。

さあ、いまから「暮らしを楽しむゆとり」つくっていきましょう。

片づけにこれをしたらびっくりするほど片づく、というような魔法の秘策はありません。
一つ一つ、使うか使わないかの判断を根気よく繰り返していくことです。ただ抜けばいいというものでもありません。大切なモノを見つけて残していくことです。

自分のモノは自分で処分する

自分のモノは動けるうちにできるだけ自分の手で片づけをしていくことです。

可愛い子供たちに、自分たちがいなくなった後で苦労をかけないようにしたいものです。私たちは「自分のことは自分でするのよ」と子供を育ててきました。親の教えを守ってきた子供たちに私たちの面倒をかけるのは、その教えに反しています（笑）。

体が動くうちはまだ大丈夫!! 決して遅くはありません。自分たちのモノは自分たちの手で処分することです。昔のように家に御蔵があって、モノが代々受け継がれていく時代ではありません。自分たちの手で処分するのが「子孝行」というものです。

子供たちの手をできるだけ煩わせないためにも、動けるうちに片づけを始めましょう。

それが私たちのできる最後の「子孝行」ではないでしょうか。それに自分で片づけると後に心残りもなくなります。後ろ髪ひかれずまいりましょう。

わかっていないのにわかったふりをしない

一生懸命、人のことをわかろうとしてもなかなか人の心は読めません。言いたいことを必死になって聞くけれど、さっぱりわからない。

他人の頭の中は誰もわかりませんが、自分の頭の中さえわからないことがあります。

想像力がたくましくて時々別次元にいるときがあります。心ここにあらずのときは大概そうです。

どんなにわかろうと頑張っても、人の考えていることはわからないものです。そんな風に考えると楽です。四角四面に「ああだ！こうだ！」と思い込んだり、言い切るのはやめましょう。

ほどほどがよろしい。人の心はわからないものだから、そういうものだと思うことです。

わかっていないのにわかったつもりになるのは、ちょっと危険です。ほどほどに、それが自分も疲れないコツ（笑）。

一途になるのはダメ

一途になると心を病んでしまうのではないかと、私はどこかでそう思っています。だからあまり思いつめたり深入りしようとしません。

こうなったのにはそれだけの理由があるからなのでして、人は経験と想像で人生を歩いていくものです。

子供のころは純粋で、大人になるにつれ、いろんなことを経験します。そんな過程で今の自分の立ち位置があるのだと思います。いい経験をしないと「またか…」という思いが、つい頭をよぎってしまい、よくないなーと感じますが、そう思うのも経験値なのでしかたないことかもしれません。

人は自分の物差しで生きています。物差しの長さもメモリの幅も、それぞれ違うんじゃないかと思います。

この人とは同じメモリだと思ってお付き合いすると違っていた…という経験もしました。馬鹿だから失敗は一度や二度ではありません。

失敗が次の自分を少しだけ強くするのでしょう。ちょっとは強くなりましたよ。

こんなことは年齢とは関係ありません。もっと早くから「そんなこと百も承知よ」とわかっている若い人も大勢いらっしゃると思います。

そんな方にはその方なりの道がまたあるのです。人はそうやって自分の経験を通して人生という道を歩くのだと思います。

小さなことからコツコツと…

小さなことからコツコツと…が好きです。大きなことはなかなか取り組めないですが、小さいことならやりやすいです。

例えば新聞を読んだらすぐに新聞入れにしまう。食事が済んだらすぐにテーブルをきれいにする。汚れたテーブルはすぐ拭く。これらは小さなことです。しかもすぐにできます。

だってワンアクションで済みますから。

こういった小さなことをコツコツすることで、家の中が変わってきます。何秒もかからないことばかりです。

暮らし方ってたいそうに考えなくても、こんな風に少しの努力で済むことをほったらかしにしたり、「後で」と先延ばしにすることで、家が回らなくなってくるのです。

ほんのちょっと、「すぐやる」を心がけると、楽にあちらもこちらもきれいになりますし、身の回りもすっきりになります。さあ、あなたも小さなことからコツコツキャンペーン始めてみませんか。

副賞は家中きれいでピカピカ!!になることです。

ホッとする家をつくる

平凡だけど家はホッとする、気持ちよく、心地よいところでありたい。そしていつも掃除が行き届き、すがすがしくありたい。そのうえどこかしら温かいところ。

そう、ただ片づいただけの家ではなく、温かいところでなくてはならない。

モデルハウスのような、ホテルのような家を求めているのではない。私にとって家族が戻ってきてホッとする家が理想です。

毎日の掃除も、片づけも、みんなが帰って来てホッとできるようにするためなのです。

家族のためにすることとは、実は自分のためでもあります。自分がしたことは、すべてブーメランのように自分に返ってきます。ですから、すればするほど自分の徳を積むことになります。

片づけは体が動けるうちに

極力少ないもので生活するとは言っても、必要なモノまで辛抱してモノを絞る必要はありません。

少ないほうが絶対いいということでもありません。少なすぎる暮らしはつまらない。自分が必要で使っているのなら、少しぐらいモノが多くてもいいわけです。

とにかく自分がどうしたいかで決めればいいのです。それは片づけていきながら考えればいいことだと思います。

私は年齢に応じた生き方をして、楽に生きたいと思っています。

とくに記憶力が薄れてくるので、どこに何があるかわかるように、若いうちから片づけておくことが大事だと思います。そうすることによって早くから楽ができます。お年頃になってからの片づけは、体にも心にも非常に負担です。

年をとってから片づけようとすると、何を見ても思い出がよみがえり、抜くことに拒否反応が出ます。そうするとなかなか抜きがたくなり一向に片づきません。「こんなに頑張っているのに全然片づかない」とあきらめてしまうことにもなります。

そして、若い人と違って体力がないので、モノを運ぶことも大変です。それも片づけのネックになります。

私はたしか四〇代の初めごろからでしたね。不要なモノは抜いて、すっきり暮らそうと、モノを減らし始めました。ずいぶん長くかかりましたが、「三〇分抜き作業」、この方法は私にとって無理のないやり方だったと思います。その中でいろんなことを考えました。親のことも、子供との関係も、夫婦のこともです。

片づけていく中で、今ここで幸せに暮らせること、平和な暮らしができる幸せを感じます。ありがたいことです。

少しでも早いうちに片づけを始めることで、無駄遣いもなくなります。面倒がらずに片づけていくと、今よりもっと素敵な人生がおくれることは間違いありません。

お風呂のマットで足をふかない

あるとき、「お風呂マットがびしょびしょになるので、もっといいものはないかと探している」という話を聞きました。私はどんなマットを使っているかよりも、どんな風に使っているかに興味があります。

四人家族だと四人目はボトボト…みたいな（笑）。

ボトボトにならない方法ってあるんですか？と問われれば

「あるんです」と答えます。

マットの上で足を拭かないのです。

「え〜〜」でしょ？

洗い場でまず体を大方拭いてからバスマットに足を置いて、拭き残しがないようにします。ただそれだけで、一つのバスマットをみんなが気持ちよく使うことができます。

家族みんなが同じようにしていくと、最後の人もびしょ濡れのマットに足を置かなくて済みます。

これを小さいときからしつけていると、みんなが気持ちがいいようにと人の

ことも考えられる子になります。感性を育てるとはこういったことではなかろうかと思います。いいマットを探すよりもいい子供に育てる方が何倍も素晴らしい!!

子どもにいいことを教え込んでいくことは親の役目だと思います。

ふすまや障子を張り替える

ふすまや障子もいつか張り替えなくては色褪せてきます。とくに障子は窓にある分早く褪せやすいです。

障子も自分で張り替えれば「幸せ貯金」にチャリ〜ン(「先取り貯金と幸せ貯金をする」を参照)。ふすまだって網戸だって、自分で張り替えられます。ふすまは木の枠を全部外して張り替えるのはなかなか高度なテクニックがいりますが、最近では枠を外さずにアイロンで貼り付ける方法や、粘着テープで貼り付ける方法も出ています。

その気になれば安くやれる方法がわりとあります。主婦がＤＩＹを自分でやる方も増えてきました。おちゃのこさいさいでやっておられるのを見て、「なんでもその気になったらやれるんだな」「たくましいな」と感心します。

「これぐらいならやれるかも？」と思ったらやってみることです。情報はいくらでもあります。ホームセンターでもネットでも詳しく教えてくれます。

私も網戸張りなら任せてください（笑）。プロ顔負けでピーンと張れますよ。所要時間も驚くほどかかりません（長年張り替えをやっていますので上手になりました）。

水回りだって業者任せにせず自分でやれるようになったら「幸せ貯金」が貯まります。以前業者の方を呼ぶだけで二五〇〇円もかかったことがありました。びっくりしました！　まずは自分でやれないか考えてみたらいいですね。

タイルが外れたぐらいだったら、なんとか自分でやれますよ。ほったらかしていると、まわりも朽ちてくるかもしれません。そのままにしないで素早く取りかかることです。

それが安くつくことにもなりますし、何でもやれる自信もついてきます。ますます主婦道が極まってきます。何でもできるようになると頼もしい限りです。

収納家具は買わない

暮らしやすくするにはモノはできるだけ少ないほうがいいと思っています。私のように六〇歳を過ぎると物忘れもだんだん激しくなってきます（私の場合は若いときからですが…笑）。

引き出しが多いとどこの引き出しにしまったのかわからず、引き出しという引き出しを開けまくって探す…なんてことになりストレスになります。探しまくることを「しんどい…」と感じたら、それはもう収納家具が多すぎて自分の手に負えないということです。

収納家具は便利だけど、しまったら最後、取り出さない可能性も大いにあります。

結局不用品を入れっぱなしにして忘れてしまうこともあるのです。

便利な収納家具が足かせになるということ。収納家具はできるだけ買わないで、不用品をしっかり抜いていけば、今ある家具もそのうちに不要になるかもしれません。

家具も必要最小限にすれば、住まいは広くなります。

収納グッズも同じです。形や色をそろえてその中にモノをしまえば、一見、整理整頓できたように見えます。しかし片づけの途中でそれをすると「うん？これでは足らないかも？」とどんどん増やすことになります。徹底的に片づけて「これで良し！」と思ったときにはじめて必要だと思うものを探してください。

私は自分が死んでしまったときこの収納グッズさえ不用品になると思ってい

ますので極力お菓子の箱とかを利用し、リサイクルゴミとして出せるものを使っていくようにしています。

「思い出がいっぱい」にご注意

暮らしの中の一コマ一コマ、その一つが抜け落ちても、思い出は成り立ちません。

トトロがいたこと、停留場があったこと、傘という存在があったこと、トトロが停留場にいて傘を貸してくれたこと。それら一つ一つが大事です。人生とはそういうものではないでしょうか。

あなたがここにいること、あなたを頼りにしてくれる子供がいること、共働きで大変だけど頑張っていること。そのすべてが揃って暮らしが成り立っています。

死に至るまでのすべてのことが思い出になります。それは生きてきたこれま

まだ使える…
思い出が…
高かったから…

でのあかしです。

人はよくモノに対して「思い出だから捨てられない」と言います。たしかにそうなのでしょうが、よくよく考えてみれば、モノと出会った瞬間から何でも自分との思い出作りがスタートしています。

「これは私が娘に○○デパートで買ってあげたモノ。あのときは娘は四歳だった。花柄のワンピースを見て、これが欲しいとねだられて買ってあげたモノ。あれから三〇年、懐かしいわ…。」

「二五年前の千代紙。二、三枚使ったきりで後は机の引き出しの奥で眠っていたもの」

「これらは私がお嫁に来るとき母が持たせてくれた下着のセット。あのころは細くてコルセットをしなくてもいい体だったわ。でも今は体も大きくなっちゃって（決して太ったとは思いたくない…笑）。今では付けることもできないんだけどね…」。そんなものがあっちにもこっちにもあって思い出だらけです。

こうやって家の中は思い出にあふれています。

思い出だらけの家の中、思い出に満ちあふれた愛あるお家。聞こえはいいですが、あふれたモノで身動き取れず、必要なモノは思い出のモノたちで埋もれ、「あれどこかしら？」と探し物の多い暮らしで、否が応でもストレス満載の家になっています。

あなたの思い出は、大丈夫ですか。

モノがないと気の流れが変わる

家の中がモノで溢れていても、モノで身動きが取れなくなっていても、まだなお捨てられず、時間をかけて探し物をするばかり…。それでも若いうちは、そんなモノが多い中からでも簡単に、びっくりするほどすぐに「ここにある！」と取り出せたのに、だんだん年を取ってくると「確かここらあたり…」と記憶も曖昧になってきます。

私などは天下一品に記憶力が欠如していますから、それに頼るなんてできません。

家がモノであふれていても、どんなに探し物の時間がかかっても、自分がこれでいいと思うならそれもよしですが、できればいらないモノを手放して（抜いて）身軽になってみて欲しい。

きっと今とは違う世界が見えるはずです。あなたも人生をもっともっと楽しめるはず。モノからの呪縛から解き放たれたら、「人の役に立ちたい」と思うかもしれない。

「もっと人生を楽しみたい」「今とは違う自分になりたい」と思うかもしれない。

家を片づけるということは、人生を変えることだと私は思っています。モノがなくなることで気の流れが変わり、開かずの窓からすがすがしい風が入り、気持ちのよい気が家のすみずみまで流れ始めます。

気の流れが変わるとやる気が出て、元気もわいてきます。そうすれば、いつしかどんどんいいことが舞い込んでくるのではないかしら。

気の流れを妨げるものは、例えば、使っていない健康器具。箪笥の上に高く積み上げられた段ボールの箱。そのうえに、触れるのも嫌になるほどかぶっているホコリ。ほかにもキッチンの吊戸棚の中、使っていない大きな蒸し器、古いジューサー、昔使っていたお菓子作りのグッズ…。挙げればきりがありません。それら全てが気の流れを妨げています。

気の流れを妨げるものは、あなたの手に触れていないものです。つまりは使っていないものになります。それらを抜いていけば流れは確実に変わっていきます。

評価を期待しない

妻として、母として、家族にいい評価をされたいと考えても、なかなかそうはいかなかったりします。小学生は小学生なりに、社会人は社会人なりに、世の中に出てそれぞれの持ち場で生きています。

いつでもあなたの仕事ぶりを見てくれているわけではありません。

私などはある時期全く外出せず、一日誰とも話をしないという日が続いたことがありました。そんなときは部屋の掃除をして片づけをして、帰ってきたら話をしようと家族を待っていました。

しかし、外で一日気を使い帰って来る子供たちや夫のおいちゃんは、疲れきっています。どんなにきれいに掃除していても片づけていても、家族の目には留まらない。それが現実です。みんな自分のことで精一杯なのです。

それをさみしいと思わないことです。家族に依存しないことです。

自分の人生ですもの、評価はいりません。掃除してきれいにしたことは自分がよくわかっています。自分が納得のいくように生きることです。

洗濯は毎日する

私は、どんなに少なくても毎日洗濯をします。ためると干すのもたたむのも、時間がかかって面倒になります。昔は、エコを考えて二〜三日分ためてから洗濯していました。ただそうすると、しんどいのです。一度に洗う量が増えると手間がかかり負担になります。負担になると、洗濯をしたくなくなりますよね。それでは主婦道は滞《とどこお》ります。

毎日洗うようになると、いいことがいっぱい！　下着もタオルも持ち数自体を減らせるようになりました。

持ち数が少なくなれば収納するにも場所も取らず、空間が広くなって使いやすくなり、持っている数もしっかり把握できるようになりました。

雨の日でも「今日はやめておこう」はないです。昔と違って今は洗濯から乾

燥までできる洗濯機が多くなっていますが、我が家は普通の洗濯機ですので、洗った洗濯物は必ず干さなければなりません。

晴れた日はお天とうさまに乾かしてもらい、雨の日はリビングの簡易物干しにかけて扇風機やエアコンで乾かしています。

乾いたらすぐにたたんで、洗面所のクローゼットにしまいます。

リビングだと乾いたものをいつまでも干していると目につきます。なので乾いたら即効たたんで収納。毎日洗濯すると一日分たたむだけなので楽ちんです。それまではたたむのが嫌いだったのですが『たたむのが面倒くさい〜』がなくなりました。これは毎日洗濯する効果です。

洗濯道具はいくつ必要か

洗濯物を干すときのハンガーやピンチ、タコの足などは自分が使いやすい場所へしまうのがベストです。しまう場所を間違うと片づけが面倒になってその辺にほったらかしになってしまいます（収納場所にきちんとしまうことは家をきれいに保つための大切なポイントです）。

洗濯機から出してその場でハンガーにかける場合は、ハンガーは洗濯機のそばに。

物干し場でハンガーにかける場合は、物干し場の近くにハンガーがあったほうが使いやすいしましいやすいですね。

自分の動きを一度、観察して最良の適所を探してみるといいです。

そうすると干すのも取り入れてしまうのもすぐにできて楽になります。

ピンチの数も必要最小限にするとピンチを入れるカゴも不要になります。私はピンチは五つあれば十分です。

それには毎日洗濯するということが大前提です（笑）。

数日分まとめて干すとピンチの数も当然増えます。

そして道具の持ち数は家族の人数や、洗濯物の量によって違ってきます。

洗濯用ハンガーもどれぐらいがベストか統計をとって調べてみるといいです。洗濯物一つにしても、どうしたら簡単にできるか、我が家にはどれぐらいの数が必要かということを考えます。必要なモノだけ持つようになれば洗濯全般の作業がずいぶん楽になります。

ここでは道具のお話をさせていただきました。

なんの道具でも何となくあるから使う、みたいなことをやめてきちっとこれだけなら足りる。「足るを知る」こと。

幸せの神様は玄関から入る

玄関はすがすがしくきれいでありたいものです。

玄関は家の顔でもあります。毎日たたきを掃いて、雑巾で拭きます。

これだけでホコリを払い汚れが取れます。ここは毎日そのように掃除します。

すると毎日きれいが続き、だんだん磨きが増していきます。桟はペンキの刷毛で払うとホコリが落ちます。ハタキだとホコリが舞ってしまいます。

ホコリは落として取るか拭きとるようにします。

靴は脱いだらしまう、を家族に徹底します。たたきに靴を置かなくなれば玄関は見違えるほどきれいになります。ホコリも汚れもないすがすがしい玄関は、この方法で三日できれいになります。

すぐにきれいになるのに、きれいにしないのは明らかに損です。

幸せの神様は玄関からいらっしゃるそうですから、汚い玄関は見た瞬間入りもしないでよそへ行かれてしまいます。

それは大変もったいない話です。

私は、いつもきれいにして幸せの神様にいつでも入ってもらえるようにしております（笑）。

何年も履いていない靴は抜き、今履く靴だけにすると下駄箱もすっきり！玄関は三〇分×三回で、見事に美しくなります。やってみてください。

掃除は決まった時間にする

毎日掃除をしていると、掃除をしない日は落ち着きません。しかもやるのはいつでもいいのではなく、朝八時と決めたなら八時になれば必ず雑巾と掃除道具をもって掃除するようにする。

時間を決めて掃除することで習慣として身につきます。同じ時間に掃除するのが当たり前になってきます。

そうすると朝からきれいが行き届きます。急なお客様が来られても、気持ちのいい状態の家に入っていただくことができます。

「昼から掃除したらいいわ」とか、「みんなが帰って来る前に掃除ができていればいいわ」とか思っていますと、掃除するまでは家の中は汚れたままです。

朝、掃除をすることに意味があるのです。

毎日の日課としてたった三〇分のことです。やることやって家がきれいになると気持ちがいいことこの上なしです。きれいに掃除された神社仏閣にお邪魔する気分。毎日その気分に浸れれば幸せです。幸せと思えれば掃除が苦になりませんよね。これが私の考える、楽しんで家をきれいにすることです。毎日掃除しますので、どこもかしこもきれいが続くのです。

わずかな時間で家中がピカピカになるのって本当に嬉しいことです。

私の推奨する掃除方法は、決めたところをルーチン化するというものです。玄関、トイレ、洗面所、ＴＶ台、リビング、掃除したいと思う部屋一つ（これは毎日変わります）、これらを毎日掃除していきます。一回でとことんピカピカにはしません。毎日同じところを掃除するので昨日より今日、今日より明日と、日々きれいになって磨きがかかっていきます。

大体一か所二～五分ぐらいで済ませます。モノがないのでモノをどけて掃除することがない。そうすると、どこもかしこもピカピカになって早く簡単に終わります。

この掃除は「毎日、汚れていなくてもする掃除」です。

キッチンタイマーをもって時間をセットしますが長年やっていますと予定の時間より早く終わってしまいます。余った時間は自分の時間を持てるというわけです。これは大変な時間の節約になります。

短い時間で家中ピカピカになるので、掃除は面倒ではなくなります。

毎日時間を決めて掃除して、習慣にしましょう。

常に家がきれいって幸せですね。

30分
えらいぞ！チュン

第3章

暮らしをゆっくり整えると、楽になる。

三つを整える

「整える」という言葉があります。

家の中を整える。心を整える。体を整える。

この「整える」という言葉の中には正常に戻すという意味があります。

例えば、「体を整える」。お酒を飲んでぐうたらしていたけど、数日間滝に打たれて体を正常に戻す。

なかなか一般の私たちが滝に打たれるなんてないでしょうが（笑）。

例えばあなたが悲しみに打ちひしがれて、どうしようもなく落ち込んでいたとします。そんなとき、友達の一言が救ってくれました。そして、あなたはやっと立ち直ることができました。

「あなたの心が整いました」。

家の中はゴミだらけで、掃除することも片づけることも嫌だった。

家
〒
心
整
体

けれど、なんとか片づけができて掃除も済ませたら、家はほんのちょっと整いました。

「家が整い、心が整い、体が整う」。すると何だか気持ちが楽になります。

そしてむやみに動揺しなくなります。

「整える」って本当に大事ですね。日頃から「整える」ように自分を大事にしていかなければ、ちょっとしたことで乱れます。些細なことに悩んだり、落ち込まないように本を読んだり、自分を高めていくことが大事です。まわりのいざこざに巻き込まれないように、苦手なところには入っていかないことも大事です。

気持ちの合わない人とは真剣に付き合わないことも、自分を守ることになります。

こちらから火の中に飛び込んで行かない。不用意な言動は慎む。不用意な言動は人を傷つけるかもしれないし、自分のためにもよくありません。

親しき仲にも礼儀ありです。長く友達付き合いをしていたにもかかわらず、ちょっとしたことで仲たがいすることもあります。

口は禍の元とはよく言ったものです。

それから自分の考えを押し通さないことも大事なことです。

自分の考え方がベストとは思わないことです。

世の中いろんな考え方があります。考え方が一緒の人なんて、そうざらには出会えません。

無理して頑張らず少しずつ

初めから完ぺきを目指さなくてもいいと思います。私自身、毎日の片づけは三〇分だけ、掃除も毎日三〇分だけ。長い時間使って、無理して頑張りませんでした。やることはコツコツとこれぐらいのこと。

それだけで居心地のいい暮らしができるようになります。

頑張らなくていいのは『手抜き』とは違います。

やっていることは地味でも続けていけば『あら!まあ!すごい!こんなところまで来ている!』というところに到達することができます。

家事は一生けんめいやる日もあれば、まったくやらない日があるより、毎日コツコツわずかな時間でもやり続ける方が断然成果があります。

気分の良し悪しでしたりしなかったりはしない!

熱が出たり、調子が悪くて床に臥せっているときまですることはありませんが、忙しいからと、手を抜くことはしません。

新しい気持ちで取り組めば、毎日新鮮です。一日のほんの少しの時間、自分で決めたことを行う。それが大事だと思います。掃除は抜きがある程度進んでくると驚くほど楽になります。今の私は、ただ毎日掃除するだけで家が整っています。

法相宗大本山薬師寺執事　大谷徹奨《てつじょう》さんの日めくりカレンダーにこんな言葉があります。

日々の繰り返し
これに飽きた
人が負け

てつじょう

ゆっくり抜いていく

家が整って暮らしが楽になったのは、覚悟してモノを片づけたからです。

コツコツ片づけて参りました。

月日がかかった分、よく考えました。どれを抜こうか抜くまいかを心ゆくまで悩みました（笑）。

心ゆくまでというところがミソです（笑）。とにかく心ゆくまでモノと対峙しました。抜きたくないと思っているうちは抜きません。もう抜いてもいいかなというときになって、ようやくモノとさよならしました。

すべての抜いたモノに対して悔いはありません。

あなたも流れに任せて捨てるとあとで悲しい思いをするかもしれませんか ら、慌てないでしっかり対峙して、考えて抜いていくといいですよ。

大事なのは、今自分がどこに向かって歩いているかということを、しっかり意識することです。ちゃんとモノと対峙して生きていけば、自ずと暮らしが違ってきます。

あなたが少しでも自分の暮らしを整えようと努力していることは家族もきっとわかってくれます。実家に戻ってくるたびにお母さんの荷物が少しずつ減っていたら、きっとお子さんは「お母さんはしっかりと片づけている」という現実を見てくれるはずです。

その姿勢が大事だと私は思います。

ゆっくりでいいんです。ゆっくりでいいのですが、大事なのは続けることです。

家計をオープン化する

一人で悩まないで！

家計をオープンにしましょう。そうすることで、子供は親に「無理して学校に行かせてもらっている…」ということを理解してくれます。また働いている子供が家の状況を知ることで「少しでも親の力になれば」と、あなたに協力してくれるようになるかもしれません。

知らないということは、罪なことです。

家の中が火の車だったと知ると子どもたちも「なんでもっと早く言ってくれなかったのか」と、なるんじゃないでしょうか。

あなただけが苦労することはありません。家族なんですから、みんなで助け合って少しでも将来よくなるように生活していくべきではないでしょうか。

ただただ「節約しなさい」というのではなく、「お父さんのお給料が○万円減ったから節約できることはみんなで節約してね。電気もつけっぱなしにしないでね」と具体的に言ってあげると、子どもたちもシッカリ聞いてくれます。

一人で暮らしていればすべては自分次第ですが、家族の人数が多くなればなるほど、少しの節約に気をつけるだけでも大きな金額になってきます。みんなで話し合って助け合っていきたいものです。

私事ですが、子供が大学に行くにあたり、入学検定料から授業料振込までを毎回子供とともに銀行に行き、すべて現金をもたせ子供に手続させました。四年間ずっとです。

お金は天から降ってくるのではないということを、子供に伝えるためです。

ありがたいことに今、子供たちはそれぞれ自分の家庭を持ち、堅実に将来のことを考えているようです。

目覚めよ家族!!です。

残すものは思い出だけでいい

私は形あるモノは何も残さず死んでいきたいと思っています。残すのは思い出だけで十分。大して高価なモノも持っていませんし、今も不要なモノは抜いてきましたので、今、生活に必要なほんの少しの必需品が残っているだけです。

それを子供たちには処分してもらえればと思います。

残すものは姉妹げんかできないぐらいのほんの少しのお金と、たくさんの思い出。

「お母さん、こんなときにはこう言っていたな」とか、「こんなことしたらよく怒っていたな」とか思い出してもらえたらそれだけでいい。それで「おしまい」

としたい…。

私、母が亡くなってから、本当は私、こんなに母が好きだったのかと思いかえしています。「こんなときは母はあんなこと言ってケラケラ笑っていたな〜」とか、「これが好きだったな〜」とか毎日何かしら母のことを思い出し、懐かしく思っています。

おいちゃんも母の物まねをして、二人でよく笑います。親子の絆は亡くなった後に気づくこともあるのだなと思います。

私の小さな秘密の部屋には、母の写真を置いています。毎朝、着替えるときに扉をあけると、母は穏やかな顔でこちらを見て笑っています。いままで育ててくれてありがたいと思っています。

私もいつか死んだら子供たちにそんな風に、日々の暮らしの中で時々ふっと思い出してもらえたらいいなと思います。

今日一日の予定を立てる

毎日の生活で大切なこと、それは、せめて今日できることを一つでも二つでも必ずやり遂げることです。例えば「今日は市役所に行って頼まれた用事を済ます」、あるいは「今日は美容室に行って髪を切る」、また「洗濯槽がどうも臭うので掃除をしよう」。そんなことをきちっとやっていく。

これは用事を先延ばしにしないということです。決めたことをしっかり実行していけば、それだけ用事は減っていきます。

「あしたしよう、あしたしよう」とこうして先延ばしすると、やることはどんどん増えていきます。あした死ぬかもしれないですものね。ああ、おそろしや〜です。何もせず終わってしまう。そんな馬鹿な！ね。ほんまにそんな馬鹿な！です。

思うように生きたのなら悔いはなしです。でも「あしたこそやろう！」は思い残したことがある。そうでしょ？　それじゃ～未練たらたらで死ぬに死にきれないじゃないですか！　本当に死ぬに死ねません（笑）。

今日の予定を立て重要なことから終わらせていくことです。

そうして行くと、おのずと一日一日が充実したものになっていくんじゃないかな。

下駄箱をなくす

私の家の玄関には下駄箱（シューズボックス）がありません。初めはここに下駄箱を置くはずでしたが、リフォームして出来上がった玄関のあまりのすがすがしさに、夫と二人で下駄箱を置くのをやめよう！と決めました。

「下駄箱がなくてもいいよね」と二人の意見が一致しました。一年ほど何も置かずにいましたが、その後下駄箱を置くはずのところに、今は小さな長椅子

new balance
new balance

を一つ置いています。

この長椅子は座って靴を履くことが出来るのでちょうどよいのです。年をとって足腰が弱ってきてもいいしね。また、玄関先で待っていただく人の腰かけ用にもなりました。

玄関に下駄箱がないのは不便かというと、そうでもないんですね。靴の収納は階段下を利用しています。

今は、階段下の上の段に靴を並べています。以前、下駄箱として使っていたのは昔の古い本箱。それは不要となり抜きました。めでたし、めでたし。

電気ストーブと扇風機の収納

我が家ではいろいろ考えた末に季節モノの電化製品は階段下の靴置きの下の段に置くことにしました。ほとんど一階で暮らすようになってから一階で使うモノは一階に収納するようになりました。使うところに置く、これは収納の鉄

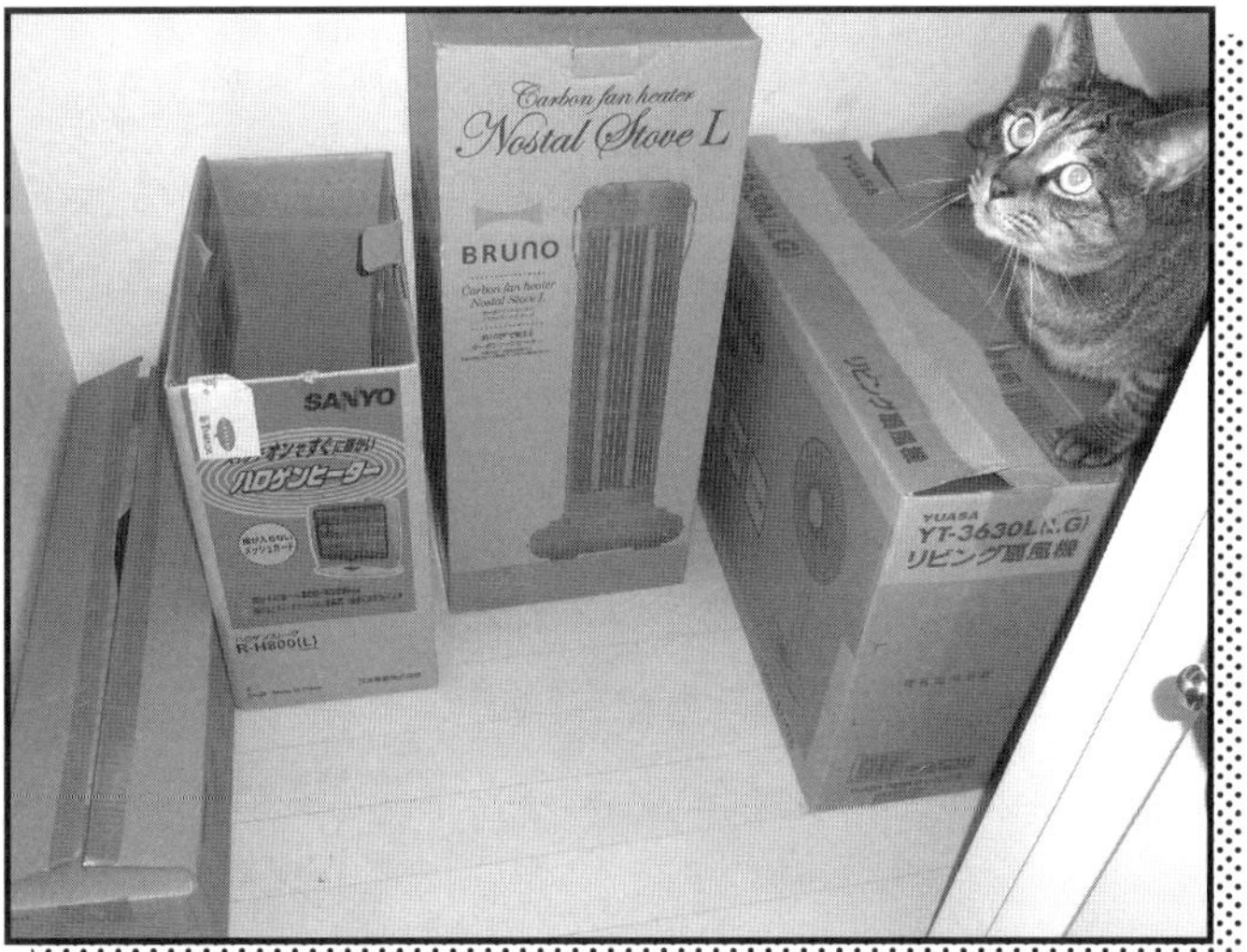
Carbon fan heater
Nostal Stove L
BRUNO
SANYO
ハロゲンヒーター
YUASA
リビング扇風機

則ですね。

収納場所は洗面所の収納クローゼットかここしかないので階段下を季節ものの電化製品の置き場としました。

ここは奥行きがありますのでまだまだ入りますが、収納は少ないほうが出しやすくしまいやすい。ここで気をつけているのはモノは重ねておかないこと。すぐに取り出せるようにしています。モノを厳選し、使うモノだけを収納します（使わないモノや壊れたものは抜きましょう）。

我が家にはリビングに収納場所がないため階段下を利用しました。それぞれの家で適した収納場所が違うと思いますので、あなたの家の適所を探してみましょう。

収納場所が足らないということをよく聞きます。本当に足りないのか、もう一度収納所の中身を「使う、使わない」で判断し直してみましょう。

実は不要なモノだらけだったということもあるかもしれません。いったん入れてしまうとそのままになっていることもあります。特に段ボールに入ったものは、なかなか見直ししないという家が多いようです。

一番便利な一等地に使っていないモノや、宝物をしまっていることもあります。宝物は別の場所にしまって、日々使うモノや季節モノの収納場所にして活用するようにしましょう。

収納場所の見直しは、暮らしやすくするためにとても大切です。

すべてのモノを把握する

我が家では、どこに何があるか、家族にもすべてわかるようにしています。モノが少ないせいで片づけも楽です。洗剤やトイレットペーパーなどのストックもないので、収納棚はガラガラです。

もう少し年を取って買い物に行きにくくなったら、少しのストックは置くようになるかもしれませんが、できるだけこのまま維持できたらいいなと思います。

タオルは温泉旅館でいただいたタオルを使っています。洗濯してもすぐ乾くのが利点です。カッコよさはないですが、干すときも軽くていいわ（高級タオルは洗濯したら重くて難儀なのです）。

私はバスタオルも使わないのでこれに勝るものなしよ。

おいちゃんのバスタオルは数枚置いています。

下着もお互いに自分のモノは自分で管理しています。もちろん洋服も自己管理です。私の場合は、衣類は持ち数が少ないので、衣替えなしで手間なしです。おいちゃんは、会社をやめたとき、背広もコートも数着だけを残して後は潔く全部抜きました。背広などはなくなりましたが、それでも普段着はたくさんあります。

何が不足で何が多いかは本人が感じていけばいいことで、自分でちゃんと管理してもらっています。

お互いに自立の道を歩きつつ、しっかり意思の疎通をはかれば、これからも何があってもうまく乗り越えていけるんじゃないかなと思います。できるだけ自分のことは自分で、そしてすべてのモノを家族がきちんと把握しておくことは大切だと思います。

健康こそ宝物だと知る

私は今まで思いもかけない病気に何度も見舞われました。「私はこんなに体が弱かったかしら？」と思うほど、子供がかかるような病気にも大人になってからかかりました。免疫力が低くなっていたのだと今ならわかるのですが、とにかくよく病気しました。

あるときなどは、おいちゃんの会社の人が「溶連菌感染症」にかかり、その一週間後には私がかかっていました。

きっと病原菌に強いおいちゃんが、会社から菌を運んできて、それが体の弱い私に伝染したのでしょう。マイコプラズマにかかったときは、入院しました。娘とおいちゃんと三人で奥飛騨温泉に行ったのですが、大正池を見学したあたりから高熱になりました。三人一緒だったのにかかったのは私だけ。免疫力が低いのか抵抗力がなく病気にかかると一発で萎えてしまいます。病気の辛さはもう十分承知しております。

病気にならないよう、できるだけ健康でいるのが一番です。健康に勝るものなしです。

小指一本ケガしても用事ができません。足の指一本でも動きがままなりません。内臓を壊したらこれまた大変です。心の病も厄介です。

健康ならなんだってできます。片づけでも掃除でもなんでもかんでもおちゃのこさいさいでできてしまいます。

健康こそ宝物。あなたも病気に気をつけましょうね。

思い通りの片づけで「生前整理」

自分の思い通りの片づけができたら、もう「生前整理」もできたと同じです。片づけている間は捨てられないモノとの葛藤もあり、大変かもしれません。しかし片づけていく中で、自分の進むべき道や、親子関係、人間関係などもモノと共に整理されていきます。過去のつまらない感情やつらい思いも、抜きが進むと心の整理がつき「それもありかもね」と思えるようにもなります。心が穏やかになって人を認められるようになります。

そして自分の嫌なところに目を背けてきた自分のことも認められるようになります。それは自分の頑張り、努力があって片付けが成功したことによるものです。自分への自信、誇り。

家には余分なモノがなくなり、今自分に必要なモノだけがそこにはある。そして、大切なモノは大切なモノとしてちゃんと残してある。

ただただ捨てるだけではなく、ちゃんと考えて納得いく抜きができたときには、もう「あした死んでもいい」状態になっています。その後の生活はいつでも、毎日簡単に、リセットしながら楽しみながら暮らしていける。

私はもう何のしがらみも欲もありません。ただ自宅で「朝起こしに行ったら死んでいた」というようにこの世とお別れをしたいと願っております。いつ死ぬのか、これだけは誰にもわからないのですが…。私の生涯最後の希望ということで予約しておきたいです。

第4章

食べ物は小さく、食べ切れるサイズで。

一汁一菜、少なく食べる

大根を丸々一本買う。できれば葉がついているほうがいい。今日はどのように調理しようかと大根を眺めながら思う。

今日の大根は立派だ。青首大根で、みずみずしくておいしそう。包丁で切ると大根の切り口からしずくが…。おおお！なんておいしそうな大根だこと！

やっぱりみずみずしい。葉っぱがついていると嬉しい。少し湯がいて塩をしてざるにあげる。細かく刻んで炊き立てのご飯に入れて混ぜると、白と緑のコントラストがきれい！　食べるとシコシコしておいしい。

白いご飯もおいしいが、こういったご飯もたまにはいい。ゴマなどパラパラと振ってもこれまた美味。

大根は千切りにしてお味噌汁の具。大根おろしと干し魚とともに食卓に出す。もうこれだけで今日のご飯は上出来。

一汁一菜。これぐらいが体にちょうどよい。食べ過ぎると胃が大きくなって、またさらに食べ過ぎてしまう。

それから太るとね、膝にきます。腰に来ます。少ないぐらいがちょうどいい。

残りの大根は煮物にしたり、短冊に切ってサラダにしてもいい。油で炒めてもおいしい。

最近、夜は軽くたべることにしています。食事の支度も朝食が済んだら昼の分と夜の下準備も一緒に行う。すると夜の支度も片づけもずいぶん楽になったのよ。

食事は手作りがいい

食事はできるだけ手作り。ファストフードや出来合いモノをできるだけ使わないようにしています。

自分の手で作ったものは安心です。防腐剤がいっぱいの食品は食べたくありません。

以前、元法政大学教授の田嶋陽子さんが「おいしいと思うものは体によくないモノが入っています。家で作るものは外で食べるものほどおいしくないです。しかし、家で作るものは安心安全です」とおっしゃっていて、なるほど的を得ているな～と思ったものです。

たしかにそうだと思います。飛行機の機内食やコンビニ弁当を扱うところでバイトした人たちが「家の料理が一番」と口をそろえて言います。防腐剤が入っているそうです（なかなか一般的には防腐剤自身どんなものか姿かたちを見たことありませんよね）。

食事は体を作ります。体に食ほど大事なものはありません。なにせ私の持論は「命が一番」ですから（笑）。

食生活と軽い運動で病気をはね返す体づくりを心がけています。

スーパーでもなるべく元気のいい旬の野菜を買います。どこで採れた野菜なのかは大事なところです。なるべく地産地消、そしてすぐに料理する。砂糖や塩を控えて食材の味を楽しむ。栄養価の高いものを選ぶようにしています。手作りだと体に合わせた食事作りができます。それに勝るものなしです。

作り置きはしない

我が家は作り置きしません。

食事は一汁一菜なので作るとしても手の込んだ豪華なものではありません。具だくさんの味噌汁と野菜もの、あるいは魚の焼いたもの一つ、それに漬物があれば十分。食卓は質素ですが毎日作るので新鮮です。

外食すると特に思うのですが料理は手作りが一番。外食は塩分が多いと感じます。

ですから体にいいものをせっせと毎日作っています。

塩分、糖分控えめで食材の味がわかる料理です。それで喜んで食べてくれるので体にいいし、最近は温野菜や、野菜を焼いたりと工夫をしています。納豆、豆腐、高野豆腐、ヒジキ、みそはいつでも使えるように常備しています。納豆は冷凍もできて特に便利です。

冷蔵庫はガラガラがいい

我が家の冷蔵庫はほとんどいつもガラガラ。大きなお鍋が何個もすぐに入る状態です。

作り置きしない、買ったモノは新鮮なうちに食べきるということでそうなりました。

そして食べきれないであろう量を「安い！」という理由だけで買いません。食材を見て、食べたい料理を想像できるかどうかで買います。例えば白菜が丸々一個。とても安いです。そのときに「そろそろロール白菜が食べたい」とか、「八宝菜を作ろう」とか、「味噌汁に入れてもいいな」とか思えたら買います。

でも今食べたいものと一致しないときはパス。切り売りを買うことにします。食べたいものはすぐに料理します。私の性格上、「面倒」と思った時点で手が出ません。

食べたいものが想像できないのに「安い」だけで買うと、冷蔵庫で腐らせてしまいます。

食材を腐らすって、もったいないですものね。

冷蔵庫がガラガラの理由はこうした生活のあり方の結果です。余分なモノを買わないのは財布にもよろしいですよ。私は、二日分買って三日で食べるような生活をしています。買い物もそんなペースで行くので冷蔵庫に余分なモノが残りません。

食事は三度三度作る

私は、毎回食事を作ることは苦になりません。おいちゃんは毎日家におりますので、朝昼晩と三度三度作ります。作ることが面倒だと思わないので、作り置きも必要ないのです。

手の込んだおかずでなくても、私の料理が好きだと言ってくれるので、私、ルンルンで作れるのかもしれません。

料理は上手ではないですよ。決して胸張ってお見せする代物ではございませんのよ。

味付けは年々薄くなってきています。体のことを考えて塩分や砂糖を取りすぎないよう、旬の食材の味を楽しめるような味付けです。

おかげさまで調味料もなかなか減りません。

調味料は小さいサイズで

食事の味付けが薄くなって醤油や砂糖、塩などの減る量も少なくなってきているので、お醤油などは小さいサイズを使うようにしています。

大きなサイズを買うとなかなか減らず、一回封を開けると味も落ちてきます。魚なども少しの塩を振りかけただけで醤油はかけずに食べるようにもなりました。

そのほうが体にいいので、余分なことはしないほうがいいなと思います。変わったものが嫌いなおいちゃんですから、新しい調味料なんかとんでもないのでございます。

目新しい調味料が増えませんので、我が家は定番のお醤油、お酢、砂糖、お塩、料理用のお酒、みりん、ソース、ケチャップ（たまに使います）、マヨネーズ、鶏がらスープ、ブイヨン。これぐらいでしょうか。

調味料の種類が少ないので収納場所が少しで済みます。なんだか私の思い通り？かもしれませんね。

使っているモノが少ないって楽だわ〜〜。それにいろんなもの買わないので

さとう
ソース
塩
酢
マヨネーズ
SOUP

お金もかからないって知ってましたか？

よくTVの料理番組を見ていると、○○オイルだの、知らないスパイスの名前だの使うように指示されますが、うちにはありません。家にある調味料だけで作れる定番料理で、私たちは満足しています。珍しい調味料も買いません。後々使いそうにないからです。

旬の食材を食べる

食材は旬になると断然おいしくなる。現代では、いつからいつが旬なのかわからない野菜もスーパーに並んでいて、子供たちはキュウリなどは一年中ある野菜だと思っているに違いない。

「そうじゃないのよ、お坊ちゃんに、お嬢ちゃん。キュウリは夏の野菜なのよ」。そう教えてあげなければわからないですね。夏になると夏物の野菜がおいしい。取れたてのキュウリは甘く、赤く熟れたトマトは甘酸っぱい。

冬に食べるトマトやキュウリの味気なさ。それだけ季節の旬の食材はおいしいのです。

タケノコに至っては、とれたては刺身にして食べてもえぐみはなく、贅沢なお味です。

秋のサンマのぷくぷくしたおいしさ。なんといっても大根おろしを足してスダチを絞って食べる贅沢。

これらの食材は、旬の時期には思いのほか安い!! おいしい上に安いと来れば、いかに貧乏な我が家の食卓にも、再々登場してもおかしくない代物です。

これらの食材を食の贅沢と言って何が悪い?みたいな幸せ感。もう極上です。栄養価も満点ですし、高い牛肉や高騰する珍しいマツタケなど食べずとも、旬の食材があれば幸せ感満載でございます。

旬なモノは何度食べてもおいしゅうございます。そういえば、知人の農家の息子が、なすびを毎日収穫するので「毎日食わされて、いやや〜」と贅沢なことを申しておりました。

いつもあることに慣れて、当たり前になるとそういう風に思うのかな。じゃあ銀行で働く親の息子が「お金に飽きる」ってことはあるのかしら？それはさすがにないようですね。

食材を上手に使い切る

食材を上手に使い切る、これは大切なことです。命をいただく。いろいろな旬の野菜を生で食べたり、煮たり焼いたり炒めたり…。しかし、ちょっと油断すると、葉っぱ物はしなびて腐りやすくなります。そういうことを少しでもなくすよう、いろんな手立てを施します。

買い物から帰ってきたら、冷蔵庫に入れる前に下準備すること。小松菜や春菊といった葉っぱ物は洗って切って保存袋に入れます。ジャガイモ、ニンジン、玉ねぎなども洗って皮をむいておきます。

ジャガイモと玉ねぎは丸のままいつでも使える状態にして大きな保存容器に入れ、冷蔵庫の野菜室に入れておきます。こうしておくだけで、皮をむく時間が時短になり楽になります。お仕事されているとこういったことが助かります。

ニンジンは用途別に切って保存袋に入れて空気をしっかり抜いて、そのまま冷凍室に入れます。使うときは凍ったまま炒め物や煮物に入れます。酢漬けやマリネにして冷凍もできます。

そして玉ねぎの皮、セロリの葉っぱや長ネギの頭の青いところなどは、ゴミとして捨てずにもうひと働きしてもらいます。

鍋に放り込んでひたひたになるぐらいの水を入れ、クツクツと一〇分ほど煮ます。それを網に漉して、スープや煮汁のだし、カレーなどのだし汁に使うと、コクが出ます。

玉ねぎの皮にはポリフェノールがいっぱい含まれています。他の野菜の屑も捨てずにきんぴら、焼き飯などに使うと体にもいいですし、ゴミを減らすことにもつながります。野菜には皮と実の間に栄養があり、それを捨ててしまうのはもったいないです。

食材を使い切ることができるようになると、食材すべてに目が行き届き冷蔵庫も整理整頓ができるようになります。昔からよく言われていますが、冷蔵庫の整理整頓ができるようになると、他の場所の片づけもうまくいくようになります。

使い切る生活は、「もったいない」がないこと。使い切ると何も残らない…。望むところです。ありがたいです。

水切りかごは空にする

私が必ずしている仕事の一つに「水切りかごを空にする」、があります。

水切りかごを使わず、すぐに食器やお鍋を拭いてしまう場合は気にすることはないのですが、水切りかごを使う場合、空にすることからすべてのことが始まります。このことはお昼でも晩御飯を作る時でも台所に入ったら真っ先にします。

水切りかご（食器乾燥機を含む）を空にすることがそんなに重要？

……重要です（笑）。

これで、けじめをつけているのです。

これをするだけで全然後の動きが違います。

いったん水切りかご（食器乾燥機）から食器やお鍋をもとに戻すことで、すべてがリセットされ台所仕事がやりやすくなります。空にしないままで料理を作ると、皮むき器はここの引き出しにあるはず…が昨日洗ったまま水切りかごの中にあった。これではあちこち見なければなりません。

誰でもあるはずのところをまず見ますよね。なければここかな？と探す。これでは台所仕事に時間がかかってしまいます。でも、わりと気づかないでやっているかもしれません。

台所に立つときはいつも、水切りかごは空にしてみてください。これが習慣になれば台所仕事がスムーズになりますよ。

夜、試しに晩御飯の料理する前にやってみてください。また、朝、台所に立って、まず水切りかごの中を、片づけてみてください。

大事なことは、起承転結。初めがあれば必ず終わりがあります。家の用事もそのようにけじめを持って一つ一つ区切ってすると、家事がはかどって楽になります。そうすると、忘れ物や中途半端なこともなくなります。関係ないように思えるでしょうが、これはすべてのことに通じます。

洗濯物も洗濯したら干して、乾かして、しまう。しまうまでがワンセットで、はじめてリセット終了です。こうすると、「靴下が片方ない」「今日はきたいパンツがない」「ここに置いておいた重要書類がない」…ということがなくなります。

「水切りかごを空にする」、これはほんの一例ですが「けじめをつける」ということがすごく大事なことなのです。

今までできていなかったのなら、やってみると腑に落ちるようになります。

第5章

お金はなるべく、使わない。

お金を見直す

現代社会においては、お金がなければ生きていけません。大昔なら物々交換で生活は成り立っていたでしょうが、今はそうはいきませんものね。

私はこんな風にしてお金のことを考えてきました。そのお話をこれからさせていただきますね。

お金がなくては思うようには生きていけません。貧乏でよくても最低限のお金は必要です。

暮らしていくのに一体どれぐらいあったら、まあまあ普通の生活ができるのでしょう?

基準は人それぞれ。贅沢な暮らしをしたければそれだけお金はいります。十人いれば十通り。

夫が会社員。奥様はパート勤務。二人合わせていったい毎月いくら家に入ってくるのでしょうか。そこから見ていかなければなりません。

夫婦共働きでお互い必要経費を家計費として収め、あとはそれぞれが別々に自由裁量で貯めたり使ったりしているという夫婦もいます。しかし、それでは一体いくら貯まっているのかわかりません。まして、自由裁量なら片方が貯めて、片方が使ってばかりだと、いざというときに「なんで俺ばかり！」「なんで私ばっかり！」などと不満も出ると思います。

もう少し歩み寄って、お互い出し合う額の話し合う必要もあるでしょう。

お給料を入れてもらって、そこから必要なモノに割り振っていく。それの見直しをしてみてはいかがでしょう。

もちろん見直さなくてもいるものはいります。しかし、見直すことによって本当に必要なところにきちっと出し、不要なところはストップするようになります。

大事なことは、本当にそこにそれだけのお金が必要かどうか一つ一つの確認です。

お金を使わない暮らしにシフトする

大型ショッピングモールに行くと、いろんなものが色とりどりに「欲しくなるように展示」されています。「いや～～これ可愛い!!」と心をくすぐられ、欲しくもなかったものをいつの間にか手に取って買ってしまう。これは欲しくなるように心をくすぐられるように展示されてあるからです。

この手に乗ってしまい、「なんでこんなもの買ったのだろう?」とあとで首をかしげてしまう。今まで欲しくて探していたものなら全然問題ないのですが、「欲しい」と今まで思っていなかったものを衝動買いすると、モノはそこら辺にほったらかしにされるか、押入れの片隅に雑にしまわれ、あとは忘れられる存在になりかねません。

探し物をしているとたまたまそれが出て来て、衝動買いしたときのことがよみがえったり、あるいは全く忘れられて「なんでここにこんなものがあるんだろう？」と不思議に思ったりします。どちらも何だかね〜〜。使えるものなら使えばいいのに、使うことすらしていない。もったいないです。

しかしお金を出しただけに、すぐに捨てるのはやっぱり、もったいない。罪悪感が…。

これを防ぐには、今家にあるモノを把握しておくことです。何があって何がないかがわかっていれば「欲しい、かわいい〜」の衝動買いを防げます。

そして、「これを買ってどのように役に立たせるのか？」を自問してみることです。

とはいえ、家にあるモノを把握しようと思えば、家の中を片づけなければ把握できません。やはり、最初の一歩は不要なモノを抜くことから始まります。

私は雑貨が好きで、雑貨を見るとワクワクします。人によっては洋服を見ると欲しくてたまらない。靴が大好きな人もいますね。

好きは人それぞれです。

しかし、お金は無限ではありません。サラリーマンならある一定のお金しか入って来ません。

今月何にどれだけ使っているか、使えるお金はどれだけか、ということをしっかりインプット。「たまには、はめを外して」と思っても、きちっとお金のことを把握していると、その気持ちも失せてしまいます。そうなったらしめたものです。

それでは窮屈だと思うと、暮らしは変わりません。暮らしを見直せば、心の不満もイライラも解消されていきます。


こうしたことで将来が大きく違ってきます。

とくにお金については、将来を見据えての倹約などは大事なことです。

それが私の今日の生活の基盤にもなっております。

あなたも早くからそういったことに気づいていかれるといいのではないかと思います。

楽しみながら家庭の運営ができたら最高ですよね。

モノは直して使う

本当にいるものには十分お金を出し、不要なモノにはお金を出さない。そんなはっきりした暮らしはモノを買う時ときだけではなく、今あるモノにも言えます。

雨に濡れた靴はそのまま下駄箱にしまえません。新聞紙を丸めて靴の中に入れ一晩水けを取ります。そして次の日晴れていたら陰干しします。次の日も雨なら新しい新聞紙を丸めて入れます。そうしてたたきに置いておきます。

外に出して乾かしたのちは、革靴なら靴クリームを塗ってお手入れをします。そうでないものは毛ブラシできれいにするか、柔らかい布できれいにするか、靴によってきれいの仕方を見極めてお手入れします。

そうすると靴は長持ちします。いい靴を買ったらとくに長く履きたいですから、裏打ちをしてもらったりして履くと、より一層長持ちします。

木のまな板も使うたびにきれいに洗い乾かして、消毒したりすると、黒ずまず、いつまでもきれいに使えます。布巾だってそうです。手を入れると長くきれいなまま使えます。


長く使おうとするとそれなりの愛情も芽生え、モノを大事にするようになります。壊れたら自分で直せるものは直します。

自分の手に負えないモノは少々高くつくけれども専門家に直していただく。そのためのお金は新品より高くつくかもしれないけれど、大切にするってそういうことではないかしら？「これを使いたい。これじゃないとダメだ」と、思えるものは自分にとって唯一無二な存在になっているということです。お手入れをしながら大事に使う。

そういったお金は無駄ではないです。必要経費です。

そんな暮らしは、誰もが憧れている暮らしではないでしょうか。

いざ修理に出したら、修理費が高いと躊躇するかもしれません。「自分には無理かな」と思ってしまうかもしれません。

いえいえ、とんでもない。だれにでもそのような暮らしはできます。無駄なモノにお金を使わなければ、修理代ぐらい出せます。モノを大事にして、お金を上手に使いましょう。

今あるお金で暮らす

お金のあるなしにかかわらず、お金に対してきちんと対応しているかいないかで、人生はずいぶん違います。

水を流しっぱなしにするようなたれ流しの人生では困ります。止めるところは止める、閉めるところは閉めるということができれば、何も恐れることはありません。今あるお金の範囲以内で暮らすことができれば、お給料が減ったって大丈夫です。

お金があるからあれも欲しい、これも買うというのは、貧乏になります。ちゃんと考えて使わないとお金は貯まりません。わずかなお給料のAさんは、使い方を考えて少しでも貯金に回します。一方、給料の多いBさん、もらっただけ使いたい放題で貯金はありません。少ない給料でもAさんは堅実に貯まります。

お金はいただいた給料以下で、しかも貯金もしながら計画的に暮らしていくことです。

家計簿をつける

これは得手不得手があります。

できるだけつけてみたほうがいいのですが、どうも長続きしない場合は一か月だけでもつけてみるといいです。

ポイントはおおまかに。

きっちりつけようと思うとそれが負担になって嫌になります。とにかく一か月頑張ってみます。

気になる食費と雑費と教育費がわかれば、あとはその他にひっくるめてでいいや〜〜ぐらいでかまいません。

まずは一か月そのような緩い感じの家計簿をつけてみましょう。

一月、三月、四月、五月、十二月は特別費がかさむので、できたらお試しはそれ以外の月がいいと思います。

○一月はお正月で出費がかさむ。
○三月は卒業シーズン、転勤シーズン。
○四月は入学、進学、就職シーズン。

○五月は行楽シーズン。
○十二月はクリスマス、お正月。
右に挙げた理由から、それ以外の月に普段の出費を見ていただくほうがよろしいと思います。**一体毎月どれぐらいのお金がどこに**流れているのかを知るための記載ですから。

先取り貯金と幸せ貯金をする

私はこの二つの貯金をしてきました。

▼先取り貯金は

お給料をもらったら生活する前に前もって貯金する。お金があるといくらでも使ってしまう…という人に効果ありです(笑)。このやり方は一般的ですから、やっている方も大勢いらっしゃると思います。

しかし、この先取り貯金でどれぐらいのお金を貯金するか決めるには、前もってどこにどれぐらいのお金がかかっていて、どれぐらい余裕があるかを把握しておかなければなりません。やみくもにでは先取り貯金は破たんしてしまいます。

一か月家計簿をつけるだけなら先取り貯金はしません。

▼幸せ貯金は

これは私が作った貯金の名前です。「買ったつもり」のつもり貯金ではありません(笑)。この貯金はわくわくすることに使うので幸せ貯金と命名しました。

「買おう」と思っていたものを手作りした場合、買うはずの金額を貯金するのが幸せ貯金です。クリーニングに出そうと思っていたものを家で洗濯した場合のクリーニング代も幸せ貯金です。

旦那さんにお弁当を作った場合も、金額を決めて(1回500円とか)幸せ貯金に入れます。

そうして貯まったお金は、家電が突然壊れたときとか、あるいは家族旅行に行くときに使います。

この貯金は、わくわくして幸せな気持ちになることに使います。

今月足らないから「幸せ貯金」から出すは、NGです。

やっぱり、使ってわくわくするほうが貯金のし甲斐があります。手間を惜しまず貯める幸せ貯金は、主婦の力の見せどころです。

「冷蔵庫が突然壊れました」。そんなとき、これがある!!

突然の出費は痛いもの。そういうときに、幸せ貯金は強い味方です。

旅行だってこれがあると嬉しいですよ。ホテルや旅館代だけでもこれで払えたら幸せ!

そうです。家族みんなが幸せな気持ちになるから幸せ貯金なのです。

私も、これでずいぶん幸せになりました。私は幸せ貯金で旅行に何度も行き

500

ました。

これはへそくりとは違います。へそくりは今月余ったからこれへそくりに〜です。

幸せ貯金は主婦の力です。主婦の仕事をお金に換算すると…とよく言われますが、まさにそのことの証明です。

頑張って幸せ貯金ができるよう、あれこれ工夫してみることはいいことです。

「あらまあ、私こんなこともできたわ」ということがたくさん増えてくると、できなかったときのことが嘘みたい。私たちも成長していくのです。幸せ貯金にはそんなソースがいっぱい詰まっています。

最初は新米だった主婦も、年月がたつとできて当たり前な雰囲気に。でもそうじゃないのよね。一つ一つのあなたの努力でここまで来たのです。自分の成長を知ることは、幸せなことだと思います。

赤ちゃんがオギャーと生まれて寝返り打って、笑って、座って、歩く。そのような一つ一つが私たちにもあるのです。
みんな始まりは何も知らないのですから。

一年間のチェック

○水道代（上水、下水）
○電気代
○ガス代

それぞれ月の平均を出してみます（一か月にどれぐらいのお金が水道光熱費で出ていくかを知りましょう）。

固定費のチェック

○自動車税
○固定資産税

○保険代
○ケーブルＴＶ
○固定電話

見直し対象
○保険代
○塾代、習い事の月謝
○携帯電話代

本当にこれだけいるのだろうか？と疑ってみます。必要と思っているモノが本当は必要でないかもしれません。

固定費があまりに大きいときは、何かここで減らせないか検討してみます。学費までは減らすことはできませんが、保険代、塾代、習い事代、携帯電話代は見直し対象です。

とくに保険代は、保険屋さんにすすめられるままに無駄な保険に入っていることもあります。またそのときは必要であっても、状況が変わっている場合もありますので、保険は毎年見直すぐらいがいいと思います。

子供が小さいときはお父さんの死亡保険は大きいほうがいいですが、子供も巣立っているのに大きな保証はもう必要ではないでしょう。大きな保証はそれだけ掛け金も高くなります。小さな保険に変えてその分貯金に回すこともできます。掛け捨てならなおさら見直ししてはどうでしょうか?

なぜ保険に入るかというと、いざというときに助かるからです。しかしその要素もないのに高額の保険料を支払うのは、無駄ですし、現実の暮らしを圧迫します。見直しは大切です。

子供の塾代も、「行きたいと言うから行かせたのに行きたくないと言うのはわがままだ！」と言って行かせているのは、どうなんでしょう？

親は、簡単にケツを割ってはいけないからと、継続は力なりと言い聞かせて行かせようとしますが、嫌々行っても力にはなりません。本気で学んでこそ力になります。

「なぜ行くと言ったのに嫌になったのか」と理由を聞き、どうしたらいいのか一緒に親子で考えることです。親の立場から「こんなにあなたのためにお金を出してあげているのだから…」というのは押し付けでしかありません。

行きたいと言って行かせてもらったけど自分が思っていたのと違った、ということは私たちでもあるのではないでしょうか？

子供のそういう気持ちも察してあげたいものです。

子供は学ぶことの面白みが出て来たら続けるはずです。

私たちの趣味の習い事も案外曲者です。年払いの習い事は、一回入ってしまえば行っても行かなくてもお金はかかっています。途中退会のこともしっかり聞いていればよかったのに…ということもあります。年払いは曲者と覚えておきましょう。

お試し入会があれば、それを利用するのもいいと思います。

とにかく「行きたい」というわくわくした気持ちがなくなってしまったら、辞めることも考えましょう。

二度と同じ過ちはしないようにしないとお金がどんどんなくなっていきます。そもそも本当にやりたいことなのか、よく考えてから手を出した方がいいと思います。

「年払いは月払いよりお得！」かもしれませんが、続けてこそ安いのであって、途中で辞めたら元もこもありません。かえって高くつきます。よくよく考えてね。

最近、簡単に資格を取れるという触れ込みで「〇〇学習講座」のような、教材を送ってもらって学習するというのが流行っていますが、それも一度に何万円も振り込んで勉強するものです。

簡単な気持ちで申し込んだら損をします。よくよく考えて本当にやりたいものだけ申し込むようにしましょう。

家計の管理をする

家計の管理は今まで私がしておりました。早めに家のローンの完済をして、借金は何もありません。

早期退職をしてから家計の管理はおいちゃんがタッチ交代してやってくれています。

唯一私がしているのは食での健康管理と食費の管理です。この分野は毎月黒字です。

おいちゃんが退職したので、通勤にかかる経費がなくなってその分余裕が出ています。毎日のガソリン代もいりませんしね。

保険の見直しもしてもらい、前より少ない金額で家計をまかなっています。

早期退職をするにあたり彼は綿密に計算して「これで大丈夫」と確信が持てたので会社をやめました。

何度も何度もシュミレーションして本当にやめても大丈夫かどうかを計算していました。彼は可愛い妻の私（?）と一緒に平日に旅行して日本全国を回りたいというのが夢でした。

ずっと前からそう言い続けてきて

「よしこれでお金の心配はない、大丈夫！」と決断したのがちょうど二年前でした。

彼にとっても私にとってもこのタイミングで会社をやめたのは良かったと思います（母の葬儀、次女の出産時期に彼がそばにいてくれたことは大変助かりました。次女は出産前から帰省してこちらで産みましたので、その間病院の検診は、いつも彼が運転して連れて行ってくれました。私一人だったら母と娘の両方の面倒を見るのは大変だったと思います。本当に助かりました）。

おいちゃんは予定通り再就職もせず、家で過ごしています。

私との時間はとても楽しいのだそうです。

私にとっても、家の用事は彼が率先してしてくれるし、朝早く起きしなくていいし（会社勤めのときは朝が早くて体がつらいときがありました）、体の負担が軽減されて有り難いと思っています。

そして、おいちゃんには私たち家族のために長い間働いてくれて感謝しております。

一生の生活設計を立ててみる

お金の専門家であるファイナンシャルプランナーに相談して、計画表を作っていただくもよし、自分で将来設計を立てるもよし、とにかく「何歳で家を建てる。そのとき、長女は何歳。何年後に小学校に行く。そのとき自分は何歳。」という家族全員の年齢と家や車などの買い物計画、進学時期などを具体的に書き込んでいきます。

それをもとに、「じゃあそれまでにいくら貯めればいいか。毎月いくら貯めていけば計画通りに行くか」という数字を割り出していきます。そういった計画を立てて先を予測することで、漠然と抱いていた不安を解消します。

私も、六〇歳になるまでの計画を立てて実行してきて、思った以上に楽にここまで来れたなと感じています。

家のローンも早めに完済し、子供が大学に行くときにはお金をすべて教育費に回せたので、自分でも上出来だったと思います。

安易に奨学金で大学に行かせると、卒業した後、子供の借金となります。就職して働いたお金でこれを返していくというのは、子供にとっては大きな負担

2023	2024	2025	2026	2027	2028	2029
40才	41才	42才	43才	44才	45才	46才
38才	39才	40才	41才	42才	43才	44才
13才	14才	15才	16才	17才	18才	19才
10才	11才	12才	13才	14才	15才	16才
ゆかり中学入学		ゆかり塾に通う	徹中学入学 ゆかり高校入学		徹塾に通う	徹高校入学 ゆかり大学入学
万円	万円	万円	万円	万円	万円	万円

※子供の教育資金は2017年から2024年までにしっかり貯めておかねば家計が苦しくなるということがこの表でわかりますね。
※同じように先の表も作って置くと毎月どれぐらいの貯金が必要か答えが出てきます。
※家を購入する場合も金利や物件の値段をよく考慮していつがベストかの判断材料になります。

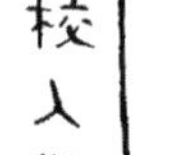

Sさん宅のライフプラン

西暦	2017	2018	2019	2020	2021	2022
夫	34才	35才	36才	37才	38才	39才
妻	32才	33才	34才	35才	36才	37才
ゆかり	7才	8才	9才	10才	11才	12才
徹	4才	5才	6才	7才	8才	9才
ライフイベント	ゆかり小学校入学			徹小学校入学		車買い替え
お金の目安						
例えば→	10万円	万円	万円	10万円	万円	250万円

Sさんのライフプランを立ててみました。
何年後に一体どれぐらいのお金がいるのか。
子供の小学入学、中学入学、高校、大学と大きなお金が必要になってきます。
車の買い替え時は2025年ごろから子供の教育資金が跳ね上がってくるので高級車は控えたほうがよさそうなことがわかります。

です。社会に出るのと同時に借金人生なんてかわいそうです。やっと働いてお給料をもらえるようになったのに、最初から借金を払っていく…というのは、自分の勉強のためとはいえつらいことです。安易に奨学金制度を使うのはやめましょう。

近々、借りたお金を払わなくてもいい奨学金制度ができるらしいですが、それにしても何らかの条件があるはずです。親としては、なるべく大学や専門学校に行くまでに資金を貯めてあげたいものです。

できれば大学、専門学校の資金は親が用意してあげたいものです。

そのためにもお金の使い方はとても大事で、無駄なモノを買ったり、安いからといって簡単に買ってしまうと将来に置いて大変な損失になります。

お金が貯まるか貯まらないかはあなたの意識次第です。日頃の生活をしっかりしていけば、子供の学費は出せるのではないでしょうか。

先をしっかり見据えてお金は大事に使い、しっかり貯めていきたいものです。

若いころの苦しい生活は、乗り切ることができます。工夫もやり繰りも楽しむことです。そうした工夫とやり繰りで貯めたお金は、必要なときに役に立ちます。子供が小さく、お金がかからないときこそ貯金しやすいです。でも大丈夫、子供が大きくなってからでも、貯める気さえあれば貯金はできます。

無駄なモノを買わない

最近は買い物のやり方も変わってきましたね。今やインターネットで、クリック一つで品物が翌日届く時代になりました。私も猫のカリカリ（ドライフード）はネットで購入しています。

買いに行く時間がないときに、玄関先まで宅配便で持って来てもらえるのは本当に便利で助かります。

営業時間がなにせ二四時間、いつでもＯＫですものね。

いつでもポチッとワンクリックで買い物完了です。

しかしネットでの買い物は、ともすれば危険要素も含んでいます。あれこれネットサーフィンしていると、関連商品や一度閲覧した商品の宣伝が何度もあらわれて、自然と目に触れるようなシステムになっていて、買わないでおこうと思っても、商品を何度も見るうちについつい「買ってしまう」という流れになることもあります。

それが怖いなと思います。いったん買わないと決断しても、容赦なく「これどうする？いるんじゃないの？」と何度も目に触れさせることで、購入に誘導しているのです。お買い物マラソンという名目でほんの少し安くなっていたり、ポイントがついたり、また送料分あと少しだからたいしてほしくもないのに買ってしまったり…。

またネットだけではなく、新聞折り込みで購入するとそのあとずっと「こんなのどうでしょう？」と勧誘する雑誌が送られてきます。

企業はモノを買ってもらう仕組みをどんどん作ってきます。

無駄なモノを買わされないように、私たち消費者は賢くならねばなりません。自分をしっかり持たないと、いつのまにか財布の中身が空っぽになってしまいます。ご用心、ご用心。

第6章

自分の時間を、大切にする。

無駄な時間を使わない

つまらない電話に時間を取ったり、取られたり、例えば保険の勧誘などで電話がかかってきた場合などは、本当に迷惑です。「結構です。必要ありませんので失礼します」と言っても食い下がってくる勧誘マンには閉口します。

「無料です」とか「サンプルをおおくりします」などの電話は、必ずあとから「使い心地はどうでしたか?」と電話がかかってきます。なので、初めから「結構です」とお断りするに限ります。

また、訪問でピンポンとチャイムを鳴らして宗教家が来たときは「うちはお坊さんなので」とか、ペンキ屋さんが来たときは「うちもペンキ屋です」と言って断ります。たいがいこれで退散してくれます。

それから朝、頭がさえている時間にTVを見るのはもったいないと思います。

朝は、とくに時間を大切にしたいですものね。朝のTVは録画して後でゆっくり見るといいですね。時間がもったいないという感覚はとても大事です。

時間管理をすることで、できることがたくさんあります。余計なことに大切な時間を取られないようにしたいものです。

家族の時間を大切にする

家は家族みんなのためのモノですから、家族に合わせた暮らし方をしていくことが大事です。子供が大きくなれば家にいる時間も少なくなります。食事の時間もバラバラになってきます。それを自分の思い通りにならないからとか、よそのお宅と比べてああだこうだと言ってもしかたのないこと。それに人様と比べていいことは何もありません。
みんなが健康であれば今の暮らしを喜ぶべきではないでしょうか。
私はおいちゃんと毎日
「アレが食べたい」

「あかんよ、それは食べ過ぎ！　体に良くない！」

などと言って暮らしています。こうして気をつけてあげられる人がいるということは、本当に幸せなことだと思います。

腹が立つ日や面倒くさいと思うときもありますが（多分ご立腹はあちらのほうが多いと思います）、冷静に考えてあと何年こうしてこの人と暮らせるかしら？と思うと、やっぱりこうした会話も大事でしょう。

誰かの心配をしてあげられることは幸せなことだと思います（行き過ぎた心配は必要ないですけどね）。

家族が一緒にいられるのはそんなに長いことではありません。私は実家を二四歳で出ました。ということは、たった二四年間しか親と一緒にいなかったということになります。

育てた子供はいつか家を出ていきます。家にいる間は家族みんなで支え合って楽しく暮らしたいものです。

時代で生き方は変わる

世界情勢が大きく変わると、日本にも影響が出ます。第二次世界大戦のころの日本と今の日本では、人々は生き方も人生も全く違います。

今はあのころと比べたら別世界ですね。戦争も苦しい時代も知らない戦後生まれの私たち。ＴＶや映画で見ると、当時の人々は生きるのがやっとといった暮らしでした。

今の私たちの置かれている状況とはまるで違います。

人は社会情勢によって大いに人生が変わり、大いに狂わされるものでもあります。

今のこの社会は生きやすいですね。「こうしたい」ということも奪われることなく、自分次第でできます。とてもありがたいことです。

このことは決して当たり前ではありません。感謝して一日一日を大切にしたいものです。

朝、起きたらすぐやること

朝、起きたらすぐに窓を開けて空気の入れ替えをします。そのすがすがしいこと！　しかし冬はとっても寒いです。次に水切りかごからお鍋はお鍋置きに、食器は食器棚にしまってから一日のスタートです（夜そこまで済んでいる場合はもっと楽です）。

朝食の用意をし、家族が食べている間にお弁当を作る。とにかく朝は家の中はラッシュ状態です。

家族が出かけるまでの時間はそれぞれが急いでいますので、こちらもつい慌てて漏れがないかチェックしながらおくり出します。

そのころは洗濯機のスイッチもポンと一回。みんなが出ていくころにはピーピーと「終わったよ」のブザーが鳴ります。

自分の朝ごはんはそれからやっと食べます（大したことない朝ご飯を食べていました）。専業主婦の場合はとにかく自分のことは後回しで、家族をスムーズに毎朝おくり出すことが使命となります。

仕事を持っている場合は、何もかも同時進行しながら自分の用意もしなければなりません。お化粧して、身づくろいもして、家族と一緒に家を出る場合はそれこそ戦争です(おしゃれして出かけるなんてことはなかなか難しいですね。朝はとにかく必死でした)。

ものすごいパワーを持って毎日朝を乗り切っていかねばなりません（全身全霊で一週間を過ごしたという感じでした）。

私も次女が生まれるまでは仕事を持っていましたので、夜にできることは夜にやるようにしていました。ただただ大変だったという感想しか思い出せません（笑）。

○洗濯機を回して干す。

○冷蔵庫の中身をチェックして足らないものをメモしておく。
○お風呂を洗っておく。
思い出してもこれぐらいはしていました（若かったからできたと思います。今あの頃のようなことをしたら二、三日でダウンしますよ、きっと）。

今も、朝起きたら窓を開け空気の入れ替えをしています。早く起きたほうが窓を開けます。そして、洗濯機に洗濯物を入れてスイッチポンです。これも早く起きたほうがしますす（おいちゃんは洗剤の量もちゃんとわかっていて、洗濯物の量によって正確に入れてくれます。まるでベテラン主婦のようです）。

それから食洗器の中から食器や道具を元の位置に戻したら、朝食の準備に取りかかります。食事だけは私が必ず担当します。私の作るご飯が好きだと上手いこと言って乗せられて毎日作っております（笑）。

朝食は毎日大体決まっていますので、テーブルに並べてゆっくり食べてもらいます。朝食が終われば、最近はほとんどおいちゃんが食器を洗ってくれます

（彼が洗うと食器はピッカピカに光ります。なんでだろう？）。朝は洗い物が少ないからしやすいと、自分から進んでやってくれます。

これも家にいるようになってから始めてくれたことです。仕事をしているときは全くこんなことはしなかった人でしたが、今は楽しそうにしてくれます。うっかりしたら洗濯物も、洗濯機のピーという音を聞きつけて干してくれていることもあります。

慌てて礼を言う始末。それから私はルーチン※に取りかかり、ルーチンが済めば朝の仕事はこれにて終了です。二人でするとリズミカルにやれます。一人でやるより二人のほうがはかどって本当にありがたいです。

これから先、私がもし一人残ったとしたら、きっと洗い物をするたびにおいちゃんを想い、洗濯機を回すときも、洗濯物を干すときも、彼のことを懐かしく想いながらすることでしょうね。

今の暮らしを幸せと実感している毎日です。

今日という日が最高と思いながら毎日暮らしています。
※(ルーチンとは、自分が決めたことをすること。ルーチン＝ルーティーン)

記念日を祝う

記念日はとても大切だと思います。私たちの結婚記念日は一〇月。「今年で四〇年、ここまでよくもった」と思います(笑)。今でも必ず結婚記念日はお祝いをいたします。そのときにはこの長期にわたって連れ添った苦労(?)と努力(?)を称え合います。

いろんなことがありました。「何よ!!」と思うことも数知れず。お互い様ですね…。

それでもこうして暮らせているということは、二人ともこれでよかったと思っているからでしょう。

おいちゃんが病気をして、そのあと私が持病を患って、体も心も弱ったときに支えになってくれました。

それからはより深く相手を想うようになれたのじゃないかと思います。こうしてみると病気も悪くはないのかもしれません（笑）。病気をしなければ気がつかなかったこともたくさんありました。

記念日を一緒に祝うということは、もう一度初心に戻って相手に感謝するということかもしれません。

金婚式まで一緒にいられたら、五〇年一緒です。親と暮らすよりずっと長きにわたり一緒です。親よりこんなに長く一緒にいるなんて、考え深きものがあります。片方が死ねば、「共に」は絶えます。長生きは望みませんが、おいちゃんと一緒にいる五〇年は面白いかもしれません（笑）。

男と女、思いやりを忘れない

昔も今も女というものは度胸でございます。

子供を育てながら仕事もバリバリこなし、家事もやる！

女が強くなるのは至極当然なことです。男尊女卑の世の中ではないのですから。

それに「黙って俺について来い！」なんていう強い男も、そうそういませんことよ（笑）。

男もしっかり自立、女もしっかり自立です！　その中でお互いが歩み寄って助け合って暮らしていくのがいいと思います。賛成!!賛成でございます!!

自分の人生、どう生きるか、ちゃんと自分の足で立って、自分の頭で考えるべきだと思います。

お互いを認めあい、尊重しあい、思いやりを忘れないことも大事ではないかなと思います。

一人の時間の効果

「亭主元気で留守がいい」

そんな風に思っておりましたし、今でもちょっとおいちゃんが留守をすると羽が伸びる気がします（別に一緒にいることが窮屈とは言っておりませんよ）。元気で留守なのであれば心配もしなくていいし、羽も広げられる。おいちゃんがたまには留守をすると、私も相手も羽を広げて英気を養えることもありがたい（新鮮ですね）。

私の場合は、それが仲良くする秘訣かもしれません。

そばにいない時間があることで、もっと相手を近くに感じることがあるかもしれませんね。

そばにいるとノイズを大きく感じることもあると思うのです。たまに離れると深まる愛もあるかもしれません。思いやりだったり、感謝だったり、相手を

想う気持ちがあればうまくいくと思います。

私には「亭主元気で留守がいい」。この効果は絶大です。年がら年中一緒では飽きちゃう。一人の時間も必要です。一緒にい過ぎると、つい、いらないことを言ってつまらない喧嘩になることもあります。たまに一人の時間を持つと優しくなれるのよ（笑）。

車に乗らない

六〇歳を過ぎるといろいろと体に変化が出てくるとみなさんよく言われます。私もそれを感じる今日このごろです。車の運転がその最たるものでありましょう。

私はミニバンに乗っていますが、このミニバン、実は家の中の不要なモノを市の焼却所に持っていくために購入した車なのです。以前は乗用車に乗っていましたが、不用品を搬入する目的があったので、車が壊れたときにミニバンに買い替えた次第です。

車が壊れたなんて今までで初めてで、よく乗りましたので文字通り「乗りつぶした」ことになります。車にとっては車としての命を全うしたことになりますね。今まで乗った車で最後まで乗りつぶしたのは、これが初めてです。

この車と私は相性がよく、一度の故障もなく、愛車にかすり傷一つ付けませんでした。

冬になると、とても寒いので「どうしたんだろう？」と下を見ると、車の床がさびて穴が開いていました。大笑いでしょう。普通なら車は「足」というのでしょうが、私にとっての車はただの足ではなく、「私の人生をかけた大切な荷物を運ぶ相棒」でした（笑）。

ミニバンは大切な車ではありますが、もうそろそろお暇をいただこうかと思っています。

家にはおいちゃんの車があるので、しかも二人で行動することが多いのでなくても困らないのではないかと思っています。

人様に迷惑をかけたらと思うと、私自身、車の運転はそろそろおしまいにしようかと考えていた矢先、高齢者の方の運転でこれからという若い方をはねて死亡させたというニュースを見て、かなりショックでした。気がついたら子供の列に突っ込んでいて子供が亡くなったなんて、あまりにも悲惨です。

年を取るということは能力が徐々に落ちていくということ。本当につらいことであります。自分のことはそれでもなんとかあきらめもつきますが、人様を巻き込むことがあってはなりません。

そんなつもりはなくても、そうなってしまっては悲惨です。

まだまだ！の気力はありますが、気力だけでは駄目ですね。体がついていかない現状を知ることもやっぱり大切。人の人生を変えるようなことになってはいけない。私もだんだん運転に自信がなくなっています。ブレーキを踏むタイミングも、ほんの数秒遅れているような気がします。

次の運転免許の書き換え時までには「ありがとう、さようなら」になっているかもしれません。

自信がなくなったらおしまいということですよね。何事もないうちにやめておく決断も大事だと思います。

伝え方には注意する

モノのとらえ方が男性は理論的、女性は感情的と言われています。

そんな二人が同じ屋根の下で暮らし、私たちなどは子育てを終えて、今となってはたった二人で暮らしていますので、ダイレクトに相手の考えが飛び込んできます。

グサーッと突き刺さったり、突き刺したり！（笑）

そんな応酬が日々繰りひろげられています。ただ私は「伝えなければ伝わらない」「話さなければわからない」と思っていますので、頑張って伝えようとしています。「私はこう思うのよ」と。

黙っていたら相手はわかりません。ただ伝え方には注意しないと、喧嘩になります。

話は平行線になりかねません（笑）。

相手に受け入れられるような話し方が大事です。違うことは違うと上手に言って伝えていかなければ、胸の中は不満だらけになります。それがね、なかなか至難の業です。

しかし相手の言い分を聞いて「ごめんね」というときもあります。そこはちゃんと言わないとね。聞いてもらわないといけないときもありますし、お互い様です。もし、おいちゃんが先に往くようなことになったら、私はこの人のために涙を流し、別れを惜しむでしょう。

せっかく夫婦になったのですもの、しかも今はたった二人だけの生活です。生きている間にちゃんと向き合ってわかりあって暮らしていきたいと思います。

猫のいる生活は幸せ

猫と一緒に暮らすようになって毎日和んでいます。私は、どんな動物でも好きだけど、とくに猫の愛くるしさは格別で、見ているだけで気持ちがトロトロに溶けそうになります。猫がそばにいてくれるだけで幸せになるのは、私だけではないと思います。

うちの猫の名前は「こまめ」といいます。「こまめ〜」とよぶと、まるで犬のように私の後をついて歩きます。

この子が来てから子供が一人増えたみたい。

旅行から帰って来ると、留守番をしていたこまめちゃんは「にゃんにゃんにゃん！」と文句を言っているのか、怒ったようなしゃべり方で二階から駆け下りてきます。その駆け下り方が尋常じゃないです。まるで人間がドンドンドンドンと駆け下りてくる勢いです!!

猫は家につくと申しますし、よそへ預けるのは猫にとってストレスだそうで、旅行中は家でお留守番をしてもらっています。三泊四日を限度としています。毎日おしっこの量とかうんちの具合とか、まるで我が子のように気にかかります。

こまめちゃんと暮らすようになり、夫と二人だけで暮らしているときより、家の中がホンワカするようになったように思います。体をなでたり、声をかけたりすることで私の気持ちが落ちつくのでしょうね。

この子がいることで、私のやりたい放題、行きたい放題の暴走を止められているのかもしれません(笑)。

地震に備える

地震に備えるにも、どうしたらいいのか…。私はまずはこれだけ頻繁に地震が起きているのですから、今まで以上に危機感を持つべきじゃないかなと思っています。我が家では地震に備えて、冬場になるとリュックに冬用の衣類を入れています。夏になると入れ替えをするようにしました。夏と冬で必要なモノが違うので、年に二回忘れず入れ替えするようにしています。

最低限の水と乾パンは常備しています。枕元にはヘルメットを。ヘルメットには名前と住所、血液型、緊急連絡先もおいちゃんが書いてくれております。リュックは毎晩玄関に移動させ、朝になると寝室の隅に置き換えます。これもおいちゃんが必ずしてくれています。

リュックには笛と小さな懐中電灯をぶら下げています。万が一逃げ遅れて声が出なかったとき用です。

車の中にも寝袋や簡易トイレを置いています。私たちは年を取っていて人様に迷惑をかけるかもしれないので、なるべく迷惑かけないようにと、できることを準備しております。

これらのグッズは少しずつネットで調べて準備してくれました。想定の範囲での準備ですが、ときに想定外なことが起きるのが災害。そのときはしかたないとあきらめるしかないですが、やっておくに越したことはありません。もちろん、準備が徒労に終わることを切に願っていますが。

自分たちの身の安全は自分たちで考えたいものです。

東日本大震災のとき、「地震が来たらとにかく家に戻らず山に登れ」という昔からの言い伝えを代々守り続け、小さな子供から老人までそのことを徹底していた村があり、その村の人々は全員山に登って無事だったそうです。

やはり日頃が大事ですね。日頃から危機感を持ってしっかり頭に入れていたのでしょうね。小学生もみんなそうしたというから、本当にすごいなと思いました。まさに自分の身を自分で守ったということでしょうね。

この教訓を生かそうと、和歌山県のある小学校では毎月毎月訓練をしているそうです。「今回はここのがけが崩れているから、こっちの道から山に登ろう」

ごん
トイレ

と、いろんな想定をしています。これは、子供たちにその時々の状況で判断してもらうための訓練だそうです。登るのはいつも同じ、そのあたりで一番大きな山だそうです。子供たちは学校で訓練しているので、震災への意識は非常に高かったです。こうじゃなければいけないですね。

危険回避は意識からです。

もちろん逃げ道を安全に確保するために、床には日頃からモノを置かない、玄関には鏡やガラスの入った額など割れるものは置かない。扉の周りには家具を置かない（倒れて扉をふさぐかもしれません）。これらを常日頃から頭に置いて暮らさなければなりません。

家族で助け合う

若いご夫婦を見ると、ずいぶん旦那様の協力があるように思えます。

子供を抱っこひもで抱っこして歩いているご主人を見ると、とても頼もしく、ほほえましく感じます。抱っこひもですから体の前で抱っこして、時折我が子の様子をうかがっている横顔には、優しさがにじみ出ています。背の高い次女の婿殿も上手に抱っこ紐で抱っこしていて、見ている私まで幸せな気持ちになりました。

私の時代にはありえなかった光景です。子供のことは女がするのが当たり前な時代でした。

赤ちゃんを育てるとき、お母さんは二四時間体制で子供の面倒をみます。もし今のような旦那さんであれば「たまにはぼくが見るから、ゆっくり髪でも切ってお茶でも飲んでおいでよ」と、子供の面倒を見てくれるのでしょうね。うらやましいですね（笑）。こんな時期にちょっとでも子供の面倒を見てくれたら、今時、熟年離婚はなかっただろうなと思います。

子育てが大変なときに「俺は仕事で大変なんだ！」と助けてくれなかったという不満を、離婚した友達から聞きました。なるほど…そうかもね。あのときのことをずーっと根に持っているのよ、女は。ご用心あれ、世の男性諸君!!それぐらい子育ては大変なのよね。

男は仕事さえしていればいいのではありませんよね。昔の女性もそう思っていました。ただ面と向かって言えなかっただけなのです。

しかも専業主婦をしてるんだから「俺が食わせてやっている」と思うのは、はなはだ思い上がり、勘違いもいいところです。

それが熟年になって、もう耐えきれないということで夫と別れる…。それまでにご主人様が奥様のSOSに気づいてあげていれば、と思います。何度もSOSを奥様は発信していたはずです。

若いご夫婦を見習いましょう。助け合っている姿はお子さんにもいい影響を与えます。

やっぱり子育ては二人でするものですね。

「仲良きことは美しきことかな」ですね。

ゴミ出しは役割分担で

マンションではゴミはいつ出してもいいそうですね。我が家は戸建てなので、ゴミの収集日に朝何時までに出してください、と規則があります。そして生ゴミの日、プラスチックの日、紙の日、などと細かく分別して決められた日に、その都度出しに行かねばなりません。その点いつでも出せるマンションはいいですね（全部のマンションがそうではないかもしれませんが…）。

旦那様がちょっとたばこを買いに行くからと、ゴミ袋をもって出かける。気さくにゴミ袋を提げている姿は、マンションではよく見受けられるようです。それにお買い物でも、荷物を持っているのは決まって若い旦那様。このごろの旦那様は本当にお優しい。

私たち世代には、あり得ない…（笑）。

マンションでは管理体制ができていて、いつ誰がゴミを出してもいいわけです。何も奥様じゃないといけないわけではありませんものね。

それに男の人のほうが、力があるのですから荷物を持つのは理にかなっています（笑）。

こうして夫婦お互いに協力し合って、役割をもって生活していくことはお互いのためです。

ちょっとした助け合いで丸くおさまる(笑)。助け合う姿は、ほのぼのします。

目の前のことを一つずつ

私は映画やコンサート、歌舞伎が好きです、何でも見ます。もちろん、子育てのころはお金にも時間にも余裕がありませんでしたので行けませんでした。

今、好きな映画を見たり、好きな人のコンサートに行ったりしているのは、若いころ頑張ったご褒美だと思っています。

子育て一色のときは映画館に行くことなんてできません。辛抱したからこそ今があるのでしょうね。

いつかは自由になるときが来ます。今は今しなければならないことを一生懸命することが大事です。

親が大変なときはしっかり介護する。

子供が小さいときは特に正面から向き合って話を聞いてあげる。

いつのときも目の前のことを一つずつやり遂げていくこと。今をないがしろにしていて、未来が明るいはずはありません。

私は積み重ねだと思うのです。今と未来はずっとつながっています。

大事なことは過去ではなく、今です。今しなければいけないことをしていけば、未来はきっとよくなっていきます。

フットワークは軽くする

昔から決めたらすぐに動いていました。「フットワークがいい」と、自分でも思っています。思い立ったら吉日というのが昔からの私で、それは年を取っても変わりません。

私に「いつか」はないのです。今、何かをしたいと思ったら即動きます。行きたいところへはどのようにしたら行けるのかを調べます。行きたいからと言って調べもしないでやみくもに鉄砲玉のように家を出たりはしませんよ（笑）。でも、調べが済んで、行けるとわかればすぐに行きます。そうすることで思ったことが結実します。思うだけで行動に移さなければ、実を結ぶことなくそのまま流されてしまいます。

それでは、せっかくのそのときの「行きたい」という思いが消えてしまいます。思って行動して初めて結実の日が来る。

これからもできるだけフットワークは軽くするために、体を温めておくことにします。情報のアンテナを立ててね。

時間がたてば暮らしは変わる

私の家は二階建てですが、一階でほぼほぼ暮らしています。二人の娘たちがそれぞれ結婚をして出ていってから、しばらくは二階の部屋も全部使っていました。

しかし、家族四人用に考えた部屋割りが広すぎてかえって使いにくく感じていました。

一度リセットをしようと住まいのことをおいちゃんと相談しました。これからのことを考えてマンションに住もうか、それとも家をリフォームにしようかと、マンションも見て歩きました。

しかし、定年まであと数年ということもあってマンションを買う勇気が出ませんでした。それに、このときは母のことがありましたので、遠くには住めないということもありました。

それでは、リフォームをしようということになりました。家族四人いたときのリビングは二人になれば広すぎて使いにくいものになり、年を取ると動きも悪くなるので、コンパクトにする方が理想的です。

キッチンは独立型だったのをリビングに移して、オープンにしました。その分リビングは前よりコンパクトになりましたが、私たちにとってはもう少し小さくてもいいぐらいです。

元のキッチンだった部分は小部屋とウォークインクローゼットに変えました。小部屋は私のパソコン部屋にし、棚をつけて本も十分しまえるようにしてもらいました。ここは家の司令塔の働きをする要となりました。

ウォークインクローゼットは、おいちゃんのモノを全部入れられるほどの収納力があり満足でした。ドアの付け位置を変えることで、広々となった洗面所。洗面台の位置も変え、かつて洗面台があった場所には収納クローゼットを設け、下着やパジャマや普段着もしまえる大容量の収納クローゼットになりました。

ちょっとしたことで断然使いやすくなるものです。洗面所の部屋割りはそのままで、使う用途をしっかり考えてのリフォームはよかったです。

たった一つリフォームでかなわなかったのは、私のクローゼットが洗面所のところにできなかったことです。初めに建てたときの筋交いが邪魔して、開き戸が洗面側にできませんでした。ここで着替えるのがよかったのですが、リフォームですからそうそう思い通りには行きません。今はリフォームから九年目を迎えています。

リフォーム後は二人の生活は完ぺきに一階だけで済ますようになり、二階は朝窓を開けて空気の入れ替えをしに行くだけで、結局、我が家の愛猫の住みかとなりました。娘一家が盆と正月に帰って来たら二階も使いますが、そのほかは一階だけで用は足ります。

こうしてどんどん暮らしは変わっていっております。

子供がいるときから現在まで、暮らしぶりは変化しています。その時々に家

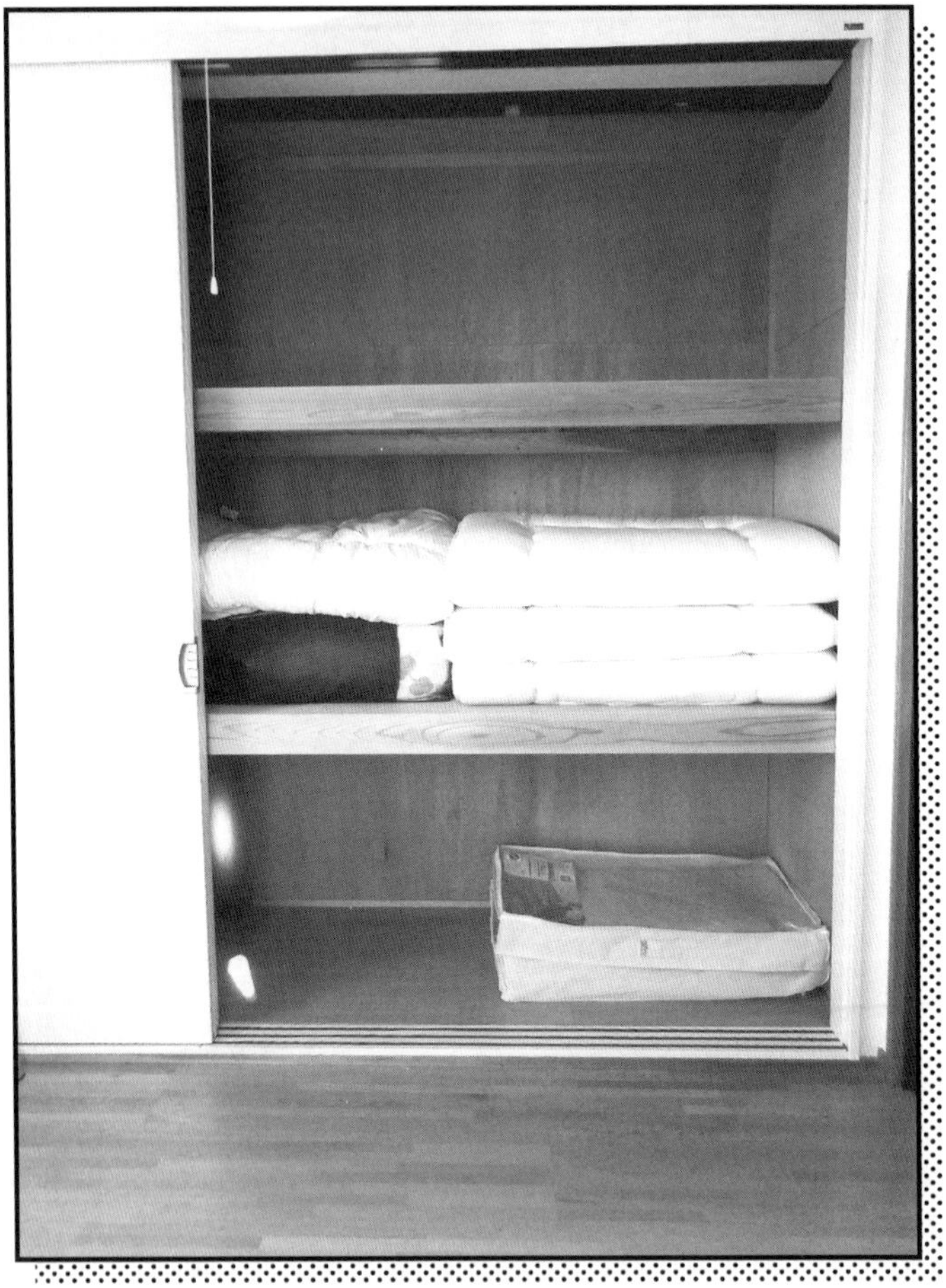

族が減れば、モノも減らしてきました。

そして今、二階の押入れは、布団以外は何もなくなりました。娘の部屋だったところにも、もう何もありません。見事にすっからかんになりました。

片づけの終末が来た

毎日わずかな時間でやってきた「抜く」作業を積み重ねた結果、最後には生前整理までも終わってしまいました。夫婦二人、今、少しの荷物で日々の暮らしができて、毎日楽しく過ごしています。

これまでの暮らしの中で、時間を決めてコツコツやってきたこと。それを最後まであきらめずにやってきて、本当によかったと思っています。

何度、市の焼却所に自分で搬入したことでしょう。家には思っていた以上にモノがありました。小さなモノは紙切れ一枚から庭のプランター、可愛いと置いていた空き瓶・空き缶、かさばるアルバムの用紙、表彰状、卒業証書、子供のランドセル、学校の制服、人に譲れないバラバラの食器、布団、用を足さない飾り棚、古い靴、傘、うちわ、褪せた浴衣、げた、帯、趣味の道具…挙げればきりがないほどの荷物でした。

これらを抜いた後は、

「やっとここまできた」

という晴ればれとした感慨がありました。

家にはまだ、かれこれ三〇数年の綿が出て破れたキルティングのこたつカバーがあります。数年前から来年はもういいかな…と思いつつ、また今年の冬も使っています。来年の冬が来て、使わないと決めたら、そのときは心置きなく「さよなら」しようと思います。

使うか使わないかの判断で進めていけば、必ず家の中はすっきりしてきます。

判断基準は常に「使うか使わないか」です。

静かな覚悟をもってやっていけば、いつかあなたの家も晴ればれとした家になることでしょう。

やる気に火がつくと本気になる

シンプルな暮らしこそが、私を自由にくれました。探し物は今では全くありません。どこに何があるか、その数すら把握できています。

寝室とリビングが二人のパブリックスペースで、その他に約二畳のお互いの部屋を持つ。一ＬＤＫに小さな納戸が二つといった感じでしょうか。私のスペースには洋服から机、文具、本まで、私のすべてのモノがここに収まっています。

無駄なモノがないというのは管理が非常に楽です。私たちの暮らしには大事に使いたいモノだけを残しました。

モノが多いときには暮らしにくいと思っていましたが、大事なモノだけにするという考えは思い浮かびませんでした。あれもこれもと欲張ってそのまま置いていたなら、このような楽な暮らしには程遠い話であったでしょう。

そして、お互いに頼りあうことも大事ですが、できるだけお互いが信頼し合い、そのうえに自立することをめざしたい。

それは死ぬことを頭に置いているのではなく、これから生きていくための策です。

それぞれがどこに何があるか把握し、聞かなければわからないということをなくしたい。それは相棒（お互い）がいなければ不安（ストレス）だということをなくすことにもなります。

モノを少なくしたことで、お互いにかかる負担が少なくなってよかったと思います。

二人の思いをお互いに共有し、暮らしの運営はスムーズで快適です。

私たちのシンプルライフの実現には、これまで背負ってきた人生の大荷物を処分することから始まりました。

シンプルに暮らしたいという思いからスタートしたこの一大プロジェクト。思いは行動して初めて成功します。

何も思わなければ、片づくことはなかったでしょう。増え続けるモノたちに歯止めをかけ、一つ一つ抜いてきたことで今日ここまできたのだと思います。

片づけたいという思いがあれば、あとは行動に移すことです!!


やる気、根気、本気、元気…気ってすごいですよね。

やる気があればなんだってできます。そして根気をもってコツコツやり続けて認められれば、人間国宝にだってなれます。(誰でもは無理ですが…笑)。

そのぐらい、根気はすごいことです。

やる気に火がつくと本気になります。この二つが揃うと怖いものなしです(笑)。

『あした死んでもいい片づけ　実践編』（興陽館刊）の本を読んだ読者の方からお便りをいただきました。

「あしたはまだ死ねません。半年後なら大丈夫と思います」

いいんですよ、何もせずに死んだらあかんけど、「片づけようと取りかかっていく」という姿勢が大事だと私は思います。

どうぞ頑張ってください。半年後から、あなたの人生がきっと憂いのないものになるに違いありません。

ごんおばちゃまも応援しております！　フレー！　フレー!!

終わりに

一生を通してお金はたくさんあったほうがいいのか。たしかにお金がないよりはあったほうがいいのですが、お金に振り回されてしまい人生を台無しにしてしまうこともあります。

お金はほどほどにあればいい、私はそう思います。その中で、つつましく、小さなことでも「幸せだ」と感じることができればいいんじゃないかしら。

『モノやお金がなくても豊かに暮らせる』（ヘンリー・D・ソロー著、興陽館刊）という本の中でも「モノやお金がなくても豊かになれる。楽しみにお金がかからない人間が一番裕福なんだ」と書かれています。

いくら身を粉にして稼いでも、欲しいものばかりあっては稼いだお金はすぐに無くなってしまいます。モノのために、ずっと働き続けなければなりません。

シンプルな生活の中では、そんなにモノもお金も必要ではありません。

丈夫な体と家族の健康があれば、それでいい。心の持ちかたひとつでモノがなくても幸せに思えるのじゃないかと思います。

『今日も明日も上機嫌。モタさんの言葉』（斎藤茂太著、講談社刊）の一節に松本春野さんの挿絵入りで、こう書かれています。

「人はあんがい、シンプルさをゴールに人生を歩んでくるのではないかと思えてくる…人生のある時期から穏やかな日々がまっているのだから…」

そうなんですよね。シンプルな生活をすれば、心は誰もが穏やかになっていくものです。大きな家に住み、いい服を着て、いい車に乗る必要なんてありません。その生活を維持するためにたくさんのお金もかかってきますしね。何もなければ何もいりません。

小さな家でいい。そこでシンプルに暮らせたらいいですね。

あとがき

私は長らくシンプルな暮らしを求めてきました、そんな暮らしの中で心はとても軽くなっていきました。抜き作業をすることで小さなものから大きなものまで家の中には何があるのか全てを把握できるようになりました。

連れ合いのおいちゃんは会社を退職したあと、趣味で集めた骨董品をはじめ、ほとんどの物を手放しました、こうして私たちはお互い身軽な体になりました。

ほんの少しのモノを大事に使い、最後まで使い切る暮らし。そんな風に丁寧に暮らしていける毎日を私たちは嬉しく思います。

かつて私はシンプルな生活にするために目標を持ちました。

モノがなくても幸せ！と感じられる生活を徹底的に目指そう！　モノに依存するのをやめよう！と…。

そして、たどり着いたのが今の暮らしです。

その間どんな些細なことでも自分の決めたことを毎日やり続けました。それがやがては大きな山の頂に着き、その山の上から見る景色が素晴らしいことに気づくことができました。やり続けなければその景色は永遠見ることはできなかったでしょう。簡単なことでも毎日続けるというのはなかなか根性がいるものです。

わずかな時間だからできる！

逆にわずかな時間だからかえってなめてしまってできないこともあります。とにかく続けてみることです。

あなたにも山の上から見る景色の素晴らしさを是非味わってもらいたい…そう願っております。

若いうちから家を整え、芯を持って暮らしていたなら年を取っても安泰です。どんな苦しいことに直面しても心が嘆き沈むことはあってもすぐに起き上がることができます。
地味だけど大地に根を張るそんな強い人に。
年齢を重ねた私たちの世代、まだ間に合います。
今からでも遅くはありません。
家の中を整えていけば人生はもっともっと豊かになります。
人生まだまだ捨てたもんじゃありません。
あなたのこれからの人生に幸多からんことを祈っております。
ご縁をいただき、この本をお手に取ってくださってありがとうございました。

この本の制作にあたり、イラストレーターの伊藤ハムスター様、編集の本田道生様には一方ならぬお力添えをいただきました。ありがとうございました。
ブログ読者の皆様にはいつもお立ち寄りいただきまして本当にありがとうございます。

皆様、おひとりおひとりに感謝!!
皆様のご健康と幸せをお祈りしております。

ごんおばちゃま

付録

あした死んでもいい暮らしかたチェックリスト！

これをすれば暮らしがすっきりになる具体的な89の方法

□ ① 「どんな暮らしをしたいのか」をイメージする → 36ページ
□ ② 「まさかのとき、どうするのか」を話しあう → 37ページ
□ ③ 転ばぬ先の杖を持つ → 40ページ
□ ④ 手ぶらで出かける → 44ページ
□ ⑤ モノは減らして暮らす → 47ページ
□ ⑥ モノは大切にする → 49ページ
□ ⑦ モノを置く「定位置」を決める → 52ページ
□ ⑧ モノの絶対数を調べる → 54ページ
□ ⑨ 安心の枚数を数える → 56ページ
□ ⑩ 消耗品は使う分だけ買う → 59ページ

キリヌキ

キリヌキ

- □ ㉑ 大きい家具を置かない → 84ページ
- □ ㉒ 余分なモノは置かない → 86ページ
- □ ㉓ 片づけは一日三〇分する → 92ページ
- □ ㉔ やらないということを決める → 93ページ
- □ ㉕ 抜くモノは「使う」「使わない」で決める → 95ページ
- □ ㉖ 暮らしを楽しむゆとりをもつ → 97ページ
- □ ㉗ 自分のモノは自分で処分する → 99ページ
- □ ㉘ わかったふりをしない → 100ページ
- □ ㉙ 一途にならない → 101ページ
- □ ㉚ 小さなことをコツコツとやる → 103ページ

キリヌキ

- □ ㉛ 家は暖かくする → 104ページ
- □ ㉜ 体が動けるうちに片づける → 105ページ
- □ ㉝ お風呂のマットで足をふかない → 107ページ
- □ ㉞ ふすまや障子を補修する → 110ページ
- □ ㉟ 収納家具は買わない → 112ページ
- □ ㊱ 思い出のモノを抜く → 114ページ
- □ ㊲ モノがないと気の流れが変わる → 117ページ
- □ ㊳ 人の評価を求めない → 119ページ
- □ ㊴ 洗濯は毎日する → 121ページ
- □ ㊵ 道具はいるだけでいい → 123ページ

キリヌキ

□	41	玄関のたたきに靴を置かない	125ページ
□	42	掃除は決まった時間にする	128ページ
□	43	家も心も身体も整える	134ページ
□	44	毎日少しずつ抜く	137ページ
□	45	ゆっくり考えて抜く	139ページ
□	46	家計をオープン化する	141ページ
□	47	残すものを決める	143ページ
□	48	今日一日の予定を立てる	145ページ
□	49	下駄箱をなくす	146ページ
□	50	季節家電の収納場所を見直す	148ページ

キリヌキ

□ 51 自分のモノを把握する ↓ 151ページ
□ 52 病気に気をつける ↓ 153ページ
□ 53 毎日リセットを楽しむ ↓ 155ページ
□ 54 一汁一菜、少なく食べる ↓ 158ページ
□ 55 食事は手作りにする ↓ 160ページ
□ 56 作り置きはしない ↓ 162ページ
□ 57 冷蔵庫は空にする ↓ 163ページ
□ 58 食事は三度三度作る ↓ 164ページ
□ 59 調味料は小さいサイズで ↓ 165ページ
□ 60 旬の食材を食べる ↓ 168ページ

キリヌキ

	No.	項目	ページ
□	61	食材を上手に使い切る	170ページ
□	62	水切りかごは空にする	172ページ
□	63	お金を見直す	178ページ
□	64	使えるお金を把握する	180ページ
□	65	靴は長持ちさせる	183ページ
□	66	今あるお金で暮らす	185ページ
□	67	家計簿をつける	186ページ
□	68	先取り貯金と幸せ貯金をする	188ページ
□	69	家計の管理をする	198ページ
□	70	一生の生活設計を立ててみる	200ページ

キリヌキ

キリヌキ

キリヌキ

あした死んでもいい暮らしかた

著者　ごんおばちゃま

2017年4月1日　初版第1刷発行
2017年5月1日　第2刷発行

発行者　笹田大治
発行所　株式会社興陽館
東京都文京区西片1-17-8 KSビル
TEL：03-5840-7820
FAX：03-5840-7954
URL：http://www.koyokan.co.jp
振替　00100-2-82041

装丁　mashroom design
カバー・本文イラスト　伊藤ハムスター
校正　結城靖博
編集補助　宮壽英恵
編集人　本田道生

印刷　KOYOKAN,INC.
DTP　有限会社ザイン
製本　ナショナル製本協同組合

ISBN978-4-87723-214-6 C0030

片づけがどんどん進む！
ごんおばちゃま話題の本。

あした死んでもいい片づけ
家もスッキリ、心も軽くなる47の方法

定価（本体1200円+税）
ISBN978-4-87723-190-3 C0030

具体的な方法が満載！
使える片づけ本。

あした死んでもいい片づけ実践！
覚悟の生前整理

定価（本体1200円＋税）
ISBN978-4-87723-194-1 C0030

老いを読む本

年をとるほど
おしゃれでかわいい秘訣
おしゃれなおばあさんになる本

田村セツコ

ISBN978-4-87723-207-8 C0095
定価（本体1388円+税）

老化現象だとあきらめないで。
年をとってもちぢまない
まがらない
一日五秒、筋トレで背筋ピシッ！

船瀬俊介

ISBN978-4-87723-210-8 C0095
定価（本体1300円+税）

衝撃の医療ノンフィクション
老人病棟
高齢化！こうしてあなたは
〝殺される〟

船瀬俊介

ISBN978-4-87723-199-6 C0095
定価（本体1400円+税）

だから、老年は面白い。
老いの冒険

曽野綾子

ISBN978-4-87723-187-3 C0095
定価（本体1000円+税）

究極の人間論
流される美学

曽野綾子

ISBN978-4-87723-193-4 C0095
定価（本体900円+税）

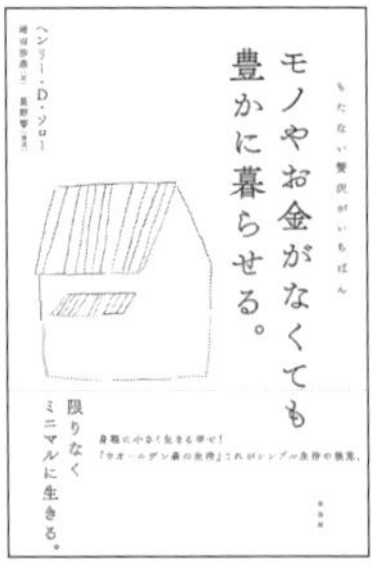

やっぱりシンプルライフがいい！
モノやお金がなくても
豊かに暮らせる。

ヘンリー・D・ソロー　増田沙奈（訳）/星野響（構成）

ISBN978-4-87723-196-5 C0030
定価（本体1300円+税）